AF286880

FSC
www.fsc.org

MIX

Papier aus ver-
antwortungsvollen
Quellen
Paper from
responsible sources

FSC® C105338

Medhananda

Deine vielen Seelenkräfte

im Spiegel der Märchen erkennen

Band 2

Liberating Symbols Publishing

Die Märcheninterpretationen von Medhananda, die bisher nur in Tonbandaufnahmen, Notizen oder in Aufzeichnungen von Gesprächen vorlagen, haben Rosemarie und Christoph Graf-Wettengel für dieses Buch zusammengestellt und bearbeitet, sowie Vorworte, Anhänge und Anmerkungen beigefügt.

Titelbild: Fausto Fernandez

Die altägyptischen Bilder in diesem Buch stammen aus den fünf Büchern von Medhananda:
Der Weg des Horus, Archetypen der Befreiung, Die Pyramiden und die Sphinx, Die Königliche Elle und *Das altägyptische Senet-Spiel.* Es sind Zeichnungen von Fausto Fernandez und anderen Freunden von Medhananda, welche nach Abbildungen ägyptischer Originale für seine Bücher angefertigt wurden. Alle andern Illustrationen hat Fausto Fernandez gezeichnet.

Verlag: BoD · Books on Demand GmbH, Überseering 33, 22297 Hamburg, bod@bod.de
Druck: Libri Plureos GmbH, Friedensallee 273, 22763 Hamburg

ISBN 978-3-7693-5435-5

© 2025 Liberating Symbols Publishing
Alle Rechte vorbehalten. Kein Teil dieser Veröffentlichung darf ohne vorherige schriftliche Genehmigung abgedruckt, elektronisch gespeichert oder in irgendeiner Form weitergegeben werden.

www.liberating-symbols-publishing.com
www.medhananda.com

Inhalt

Band 1 enthält die zehn folgenden Märcheninterpretationen:

Die Bremer Stadtmusikanten

Hans im Glück

Frau Holle

Die Gänsemagd

Die weiße Schlange

Der Teufel mit den drei goldenen Haaren

Die goldene Gans

Der Königssohn, der sich vor nichts fürchtet

Frau Trude

Der goldene Vogel

Zur besseren Unterscheidung erscheinen im Layout drei verschiedene Schrift-bilder:

Große Schrift: Medhanandas Interpretationen

Kleine Schrift: der originale Grimms Märchentext

Kursive Schrift: Fragen von Freunden, Schülern und Besuchern

[1] Zahlen in eckigen Klammern verweisen auf **Anmerkungen** (jeweils am Ende der entsprechenden Märcheninterpretation).
In den **Allgemeinen Anmerkungen** (ganz hinten im Buch) findet der Leser weitere Erläuterungen zu häufig vorkommenden, ihm vielleicht unbekannten Namen oder Begriffen.

Der Baum ist ein Bild für uns selbst:
Sein Stamm – ein Symbol für unser Ich,
seine vielen Wurzeln und seine verschiedenen Kronenäste –
ein Bild für unsere unter- und überbewussten Wesensteile.
Im Stamm fühlen wir uns als von allen anderen Bäumen getrennt,
in Wurzeln und Kronen jedoch sind wir mit allen anderen verbunden.
Deshalb wirkt sich das ‚Arbeiten‘ in unseren Bewusstseinstiefen
und Bewusstseinshöhen auf das Bewusstsein aller anderen Wesen aus,
ja, es hat Einfluss auf die ganze Erde.
Dazu wollen die Märcheninterpretationen von Medhananda beitragen.

Wie es zu diesem Buch kam

Angeregt durch Fragen von Freunden und Suchenden hat Medhananda verschiedene Mythen, Legenden, Symbolbilder und Märchen – so auch die Märchen der Brüder Grimm – interpretiert (manchmal in englischer, deutscher oder auch französischer Sprache). Seine spontanen Äußerungen im kleinen oder größeren Gesprächskreis im Garten der Sri Aurobindo Bibliothek in Pondicherry (Südindien), später im Mangogarten des von ihm und Yvonne Artaud gegründeten Identity Research Instituts in Reddiarpalayam (bei Pondicherry) wurden zwischen 1971 und 1990 von Freunden zum Teil als Notizen festgehalten oder auf Tonbandkassetten aufgenommen.

Das aus dieser Zeit noch erhaltene Material von Interpretationen der Grimms Märchen konnte nun für eine erste, deutsche Herausgabe gesammelt, zusammengestellt und bearbeitet werden.

Oftmals interpretierte Medhananda ein Märchen im Zusammenhang mit anderen Themen; es handelte sich z.B. um: Symbole des alten Ägypten, germanische oder indische Mythologie, Symbole aus der Steinzeit, keltische Tiersymbole, das Thomasevangelium, den integralen Yoga Sri Aurobindos, Gnosis (im Sinne von innerem Wissen, von Weisheit)...

Medhananda stellte immer wieder Bezüge und Verbindungen zwischen diesen scheinbar so verschiedenen Gebieten her, die überraschten und bereicherten.

Der Leser erhält in diesem Buch vor allem viele Hinweise zur ägyptischen Symbolwelt, denn – so Medhananda – viele Märchenmotive haben ihre Wurzeln in dieser alten Hochkultur. Die ägyptischen Bilder wurden bisher meist nur mythologisch, historisch, religiös, kaum aber psychologisch – als Ausdruck von Selbsterfahrung, von innerem Wissen, von Gnosis – betrachtet. Diesen Bereich versucht Medhananda in den alten Überlieferungen, den Märchen, Mythen, Sagen und Bildern zu erhellen, – und seine Interpretationen führen uns zu ganz neuen Einsichten.

Aus dem Wunsch heraus, Medhanandas Märchen-Erläuterungen einem größeren Kreis von Interessierten und Suchenden zugänglich zu machen, entstand dieses Buch.

Die Herausgeber Rosemarie und Christoph Graf

Symbole sind schillernd

Der Schlüssel, der uns das Geheimnis eines Märchens öffnet, liegt in der Erkenntnis, dass wir alles, was darin erzählt wird, als ein Symbol sehen. Die Begebenheiten und Figuren sind psychologisch zu verstehen.

Nicht immer jedoch finden wir in einem Symbol-Bild, von dem einmal in diesem, dann in einem anderen Märchen erzählt wird, die gleiche psychologische Aussage: So kann z.B. das ‚Kleid‘ einmal die seelische Ausstrahlung, den ‚Seelenkörper‘ bedeuten (wie im Märchen *Die wahre Braut*), ein anderes Mal aber auf eine veräußerlichte, nur auf Dinge ausgerichtete Lebensweise hindeuten (wie im Märchen *Der Trommler*).

Deshalb ist es wichtig, ein Symbol-Bild im Zusammenhang mit dem ganzen Märcheninhalt zu betrachten. Immer wieder muss nach der psychologischen Bedeutung, nach dem inneren, seelischen Geschehen gefragt werden. Verborgen hinter den Symbolen stehen ja Erfahrungen, mystische Erlebnisse, Bewusstseinsveränderungen und Reifeprozesse. Für denjenigen, welcher diese selbst schon ‚erfahren‘ hat, ist es leicht, sie in den Märchensymbolen wiederzuerkennen.

Nun treffen wir auch das Umgekehrte an, dass nämlich zwei verschiedene Märchen-Bilder die gleiche psychologische Kraft darstellen; so z.B. die ‚Alte‘ und das ‚Mädchen‘ im Märchen *Der Trommler*: Trotz ihrer scheinbar entgegengesetzten Rollen lässt sich in beiden jene Kraft erkennen, die den inneren Fortschritt, die Umwandlung, die Reife im Trommler bewirken will.
Da muss man verstehen, dass bei den alten Germanen die Matrone, die ‚große Mutter‘, in dreierlei Gestalt – als *Mädchen*, *Mutter* und *Alte* – verehrt wurde, und deshalb die ‚Alte‘ und auch das ‚Mädchen‘ verschiedene Aspekte derselben Kraft darstellen können.

Manch einer mag sich nun wundern, dass Medhananda das ‚Mädchen' einmal als einen Aspekt der *großen Mutter* interpretiert, in einem andern Märchen als *Seele*. [1] Doch was wir Seele nennen, ist ja eine Kraft der großen Mutter, der kosmischen Bewusstseinskraft – und diese wiederum ist Seele aller Wesen: Eines ist im andern enthalten.

Im alten Ägypten finden wir im Grab von Nefertari den (in Hieroglyphen ausgedrückten) Satz: „Osiris ruht in Re, und Re ruht in Osiris". [2]

 Diese Aussage lässt sich ebenso auf das berühmte chinesische Symbol T'ai Chi übertragen: Yang ruht in Yin, und Yin ruht in Yang. Beide sind jeweils im anderen enthalten.

Jean Gebser schreibt dazu in *Ursprung und Gegenwart* [3]: „Es (das T'ai Chi) ist ein Prototyp des Symbols, denn es bringt die polaren dunklen und hellen Kräfte, das Yin und das Yang, als einander ergänzend zum Ausdruck. Das echte Symbol ist ja stets eine Zusammenballung zweier sich ergänzender Pole: es ist also immer zweiwertig (ambivalent), damit aber auch immer zweideutig (ja selbst vieldeutig) und zwar in dem Moment, da wir nur einen der Werte oder Pole ins Auge fassen… Diese Zweideutigkeit kam in den Orakelantworten der delphischen Pythia zum Ausdruck, so wie sie in allen betont psychischen Äußerungen latent vorhanden ist…
Und selbst das T'ai Chi bringt diese Zweideutigkeit zum Ausdruck: jede ‚Hälfte' des Symbols birgt in sich auch den anderen Pol, nämlich die dunkle den hellen Punkt, die helle den dunklen Punkt. Mit andern Worten: Dunkel und Helligkeit ergänzen sich nicht nur, sondern jedes enthält für sich betrachtet auch das andere. Erst dann, wenn wir nicht mehr von den Polen ausgehen, sondern von der Ergänztheit, die sie zusammengenommen darstellen, oder wenn wir in jedem Pol zugleich auch seines entsprechenden anderen Poles gegenwärtig sind, erschließt sich uns das echte Symbol und damit die Seele als das Sich-Ergänzende."

An anderer Stelle weist Jean Gebser darauf hin, dass es Wörter gibt, die in der heutigen Zeit scheinbare Gegensätze ausdrücken, wie z.B. *Höhle* und *Helle*, die aber aus dem gleichen Urwort kommen, aus einer Zeit also, in der die Gegensätze noch als polare Ergänzungen, ja als eine Einheit gesehen wurden. Die Worte *tun* und *tot* – für uns sind es Gegensätze – lassen sich auf dasselbe Urwort *dad* zurückführen. [4]

In diese Welt der Ergänzungen, die für unser analytisches Denken eher fremd ist, führen uns die Märchensymbole. Und Medhananda hilft uns, sie – und damit unsere eigenen seelischen Ergänzungen, unsere komplementären Kräfte – aufzuspüren, sie zu erkennen, sie wahrzunehmen. Dabei erinnert er uns immer wieder an das, was in dem einfachen aber so tiefsinnigen Mahavakia, einem ‚großen Wort‘ aus der indischen Weisheit, ausgedrückt wird: ‚Tat twam asi‘: *Das bist du.*

Anmerkungen

[1] siehe dazu die Interpretationen der Märchen *Die wahre Braut* und *Der Trommler.*

[2] Erich Hornung, *Tal der Könige* S. 184f. und Medhananda, *Die Königliche Elle,* S. 123

[3] Jean Gebser, *Ursprung und Gegenwart 1. Teil*, sechstes Kapitel, „Zur Geschichte der Phänomene Seele und Geist", dort: 5. Das Symbol der Seele.

[4] Jean Gebser, *Ursprung und Gegenwart 1. Teil,* viertes Kapitel, „Zusammenfassende Zwischenbetrachtung: Die Mutationen als ganzheitliches Phänomen", dort: 2. Exkurs über die Einheit der Urwörter.

Kann der Mensch existieren, ohne sich Märchen zu erzählen?
Der moderne Mensch glaubt, mit seinem klugen Verstand,
seiner Ratio, alle Probleme lösen zu können.
Doch das ist nur ein Märchen, das er sich selbst erzählt.
Und weil es ihm gefällt, ist er überzeugt,
keine anderen Märchen nötig zu haben.
Ein wenig Tiefenpsychologie oder Selbstwahrnehmung
könnte ihn jedoch lehren, dass seine Märchen
– er nennt sie seine intellektuelle Erziehung,
seine wissenschaftlichen Methoden,
seine kulturellen Errungenschaften –
ihn mit einer sehr dünnen, schmalen Rettungsplanke ausrüsten,
mit der er auf einem Ozean tief unwissender, unbewusster
und unterbewusster Kräfte schwimmt,
die beim nächsten Sturm vielleicht in Stücke gehen könnte…

Medhananda
aus *Archetypen der Befreiung*

11 Märcheninterpretationen
von Medhananda

Die wahre Braut

Es war einmal ein Mädchen, das war jung und schön …

Die alten Germanen kannten sieben Seelen im Menschen, und eine davon war das ‚Mädchen'. Viele Märchen erzählen von einem ‚Mädchen', und jedes Mal sind auch wir – eine Seelenkraft in uns – damit gemeint.

Überall im Rheinland wurden früher die Matronen, die geheimnisvollen Mütter angebetet. Man fand zahlreiche Matronensteine, auf denen sie in ihrer Dreigestalt, als ‚Mädchen', ‚Frau' und ‚alte Frau' (die drei Lebensphasen der Frau) dargestellt wurden. [1] Es sind Bilder für kosmische Kräfte, die sich auch in unserer seelischen Struktur spiegeln: das ‚Mädchen', die Jungfrau, repräsentiert seelische Empfänglichkeit, Offenheit, Lernbereitschaft. Die ‚Frau' ist ein Bild für Mütterlichkeit, Güte, Fürsorge, für liebendes Wirken und Schaffen in der Welt. Und die alte Frau symbolisiert Weisheit (Hagia Sophia) [2], Wissen (Gnosis), höheres Bewusstsein, Seligkeit. Auch von ihr – der alten Frau – werden wir im Märchen noch hören. Doch vorerst zurück zum ‚Mädchen':

… aber seine Mutter war ihm früh gestorben …

Diese Situation kommt in den Märchen immer wieder vor und bedeutet einen Entwicklungsabschnitt, einen Wandel auf dem Weg der Seele.

… und die Stiefmutter tat ihm alles erdenkliche Herzeleid an.

Die Stiefmutter ist ein Aspekt der Natur, die der wachsenden Seele hier scheinbar feindlich gegenüber steht. Doch, wie heißt es schon bei Goethe: „Ich bin ein Teil von jener Kraft, die stets das Böse will und doch das Gute schafft". Sie symbolisiert eine Kraft, die uns voran bringen will auf unserem Reifungsweg. Wir finden sie in vielen Märchen, auch im griechischen Mythos von Herakles [3]. Hera, die wahre seelische Mutter des Herakles, tritt zwar immer als sein Schutzengel auf, und der Name Herakles bedeutet ja auch ‚Ruhm der Hera', dennoch ist sie nicht eine Mutter, die ihrem Kind alle möglichen Schwierigkeiten und Hindernisse ersparen will, sondern die ihm sozusagen Schwierigkeiten auferlegt, damit es auf dem Weg der Entwicklung nicht stehen bleibt. Und so wie Herakles und alle großen Helden der Vergangenheit muss auch das Mädchen eine schwere Arbeit verrichten. Doch mit Hilfe dieser Arbeit, mit Hilfe dieser Schwierigkeit, dieser Disziplin wächst es. Indem es den Auftrag erfüllt, kann es Fortschritte machen und reifen.

> Wenn sie ihm eine Arbeit auftrug, sie mochte noch so schwer sein, so ging es unverdrossen daran und tat, was in seinen Kräften stand.

Das ist es, was wir tun können: immer an die Arbeit gehen und vollbringen, was in unseren Kräften steht, selbst wenn die Arbeit noch so unüberwindbar schwer erscheint. Die innere Haltung ist dabei entscheidend, auf unseren Willen, auf unsere Aspiration kommt es an.

> Aber es konnte damit das Herz der bösen Frau nicht rühren, immer war sie unzufrieden, immer war es nicht genug. Je fleißiger es arbeitete, desto mehr ward ihm aufgelegt, und sie hatte keinen anderen Gedanken, als wie sie ihm eine immer größere Last aufbürden und das Leben recht sauer machen wollte.

Jeder Mensch wird diese Situation wahrscheinlich immer wieder durchmachen; er empfindet die Arbeit, die ihm auferlegt wird, als eine Last, die immer größer wird und ihm das Leben ‚sauer' macht. Dennoch ist die Stiefmutter, die all diese Arbeiten aufträgt, ein Aspekt der großen Mutter, die uns in unserer Transformation voran bringen will. In Indien wird diese Kraft der schnellen Umwandlung Kali genannt. [4]

> Eines Tages sagte sie zu ihm: „Da hast du zwölf Pfund Federn, die sollst du abschleißen, und wenn du nicht heute Abend damit fertig bist, so wartet eine Tracht Schläge auf dich. Meinst du, du könntest den ganzen Tag faulenzen?"

Das arme Mädchen setzte sich zu der Arbeit nieder, aber die Tränen flossen ihm dabei über die Wangen herab, denn es sah wohl, dass es unmöglich war, mit der Arbeit in einem Tag zu Ende zu kommen. Wenn es ein Häufchen Federn vor sich liegen hatte und es seufzte oder schlug in seiner Angst die Hände zusammen, so stoben sie auseinander, und es musste sie wieder auflesen und von Neuem anfangen. Da stützte es einmal die Ellbogen auf den Tisch, legte sein Gesicht in beide Hände und rief: „Ist denn niemand auf Gottes Erdboden, der sich meiner erbarmt?"

Hier kommt der Ruf. Die Seele erinnert sich dunkel an ihre inneren Dimensionen und ruft Kräfte ihrer selbst zu Hilfe – Seelenkräfte, die sich bis jetzt noch nicht manifestiert haben, oder die im Bewusstsein noch nicht aufgetaucht sind.

Indem hörte es eine sanfte Stimme, die sprach: „Tröste dich, mein Kind, ich bin gekommen, dir zu helfen." Das Mädchen blickte auf, eine alte Frau stand neben ihm.

Die alte Frau, die auch in vielen anderen Märchen erscheint (z.B. als Fee oder Mütterchen), hilft nun der Seele. Wir sprachen am Anfang von den Matronensteinen im Rheinland, auf denen die ‚große Mutter' in ihrer Dreigestalt als *Mädchen*, *Frau* und *Groß-Mutter* abgebildet ist. Es gibt ein berühmtes Bild von Leonardo da Vinci mit dem bedeutsamen Namen *Anna Selbdritt* [5], das ganz Ähnliches ausdrückt: Da sitzt die heilige Anna, die *Mutter* von Maria, selig lächelnd. Maria, die *Frau*, sitzt auf ihrem Schoß und neben ihr, sie liebevoll anlächelnd, steht das *Kind* – ein Lamm haltend, das Opferlamm, ein Symbol für unseren Körper. Es werden hier Aspekte unseres Seins, unserer seelischen Welt, personifiziert dargestellt, um uns zu helfen, sie besser kennen zu lernen und sie rufen zu können. Die alte Frau, ein höheres Bewusstsein, wird also aktiv, um dem Mädchen zu helfen.

Sie fasste das Mädchen freundlich an der Hand und sprach: „Vertraue mir nur an, was dich drückt." Da sie so herzlich sprach, so erzählte ihr das Mädchen von seinem traurigen Leben, dass ihm eine Last auf die andere gelegt würde und es mit den aufgegebenen Arbeiten nicht mehr zu Ende kommen könnte. „Wenn ich mit diesen Federn heute abend nicht fertig bin, so schlägt mich die Stiefmutter; sie hat mir's angedroht, und ich weiß, sie hält Wort."

Die Federn sind natürlich auch ein Symbol. Sie sind wie Strahlen, wie Antennen, mit denen die Schwingungen der Freude, Liebe, Schönheit, Wahrheit, Seligkeit empfangen und aufgenommen werden können. Mit Hilfe dieser Feder-Antennen treten wir quasi in Resonanz mit den großen Energien des Weltalls. Bei allen alten Völkern, auch bei den Indianern, spielte das Federkleid eine große Rolle, vor allem in kultischen Handlungen. Seit alter Zeit stellte sich der Mensch den Seelenkörper, den sogenannten ‚corps glorieux' [6] als einen Körper mit Federn vor. Im alten Ägypten wurde die Seele (das BA) als Vogel mit menschlichem Kopf dargestellt, bei den alten Ertruskern waren es dann vollständige Menschenkörper mit Flügeln. In der Bibel wird erzählt, dass Prophet Jesaja in einer Vision die Engel als Wesen mit Menschenkopf und drei Flügelpaaren sah. Federn sind also ein uraltes Symbol, ein Bild auch für die Dauer und Beständigkeit unseres seelischen Wesens (eine Feder überdauert den physischen Körper), ein Symbol für spirituelle Leichtigkeit, für die Fähigkeit, sich in höhere ‚Gefilde', in höhere Bewusstseinsebenen zu erheben. Und das ist es, woran das Mädchen jetzt arbeiten muss. [7] Doch dieser Auftrag scheint viel zu schwer und nicht erfüllbar zu sein.

Ihre Tränen fingen wieder an zu fließen, aber die gute Alte sprach: „Sei unbesorgt, mein Kind, ruhe dich aus, ich will derweil deine Arbeit verrichten." Das Mädchen legte sich auf sein Bett und schlief bald ein. Die Alte setzte sich an den Tisch mit den Federn, hu! wie flogen sie von den Kielen ab, die sie mit ihren dürren Händen kaum berührte. Bald war sie mit den zwölf Pfund fertig. Als das Mädchen erwachte, lagen große schneeweiße Haufen aufgetürmt, und alles war im Zimmer reinlich aufgeräumt, aber die Alte war verschwunden.

Es wird in den Märchen immer wieder darauf hingewiesen, dass ein großer Teil der seelischen Arbeit, der seelischen Entwicklung, im Schlaf stattfindet, auf der ‚anderen Seite', in der Traumwelt. Die Märchen kommen alle aus dieser Traumwelt zu uns.

Das Mädchen dankte Gott und saß still, bis der Abend kam. Da trat die Stiefmutter herein und staunte über die vollbrachte Arbeit. „Siehst du, Trulle", sprach sie, „was man ausrichtet, wenn man fleißig ist?" Als sie herausging, dachte sie sich: „Die Kreatur kann mehr als Brot essen, ich muss ihr eine schwerere Arbeit auferlegen."

Am anderen Morgen rief sie das Mädchen und sprach: „Da hast du einen Löffel, damit schöpf mir den großen Teich aus, der bei dem Garten liegt. Und wenn du damit abends nicht zu Rande gekommen bist, so weißt du, was erfolgt." Das Mädchen nahm den Löffel und sah, dass er durchlöchert war, und wenn er es auch nicht gewesen wäre, es hätte nimmermehr damit den Teich ausgeschöpft. Es machte sich gleich an die Arbeit, kniete am Wasser, in das seine Tränen fielen, und schöpfte. Aber die gute Alte erschien wieder, und als sie die Ursache von dem Kummer erfuhr, sprach sie: „Sei getrost, mein Kind, geh in das Gebüsch und lege dich schlafen, ich will deine Arbeit schon tun." Als die Alte allein war, berührte sie nur den Teich: wie ein Dunst stieg das Wasser in die Höhe und vermischte sich mit den Wolken. Allmählich ward der Teich leer, und als das Mädchen vor Sonnenuntergang erwachte und herbeikam, so sah es nur noch die Fische, die in dem Schlamm zappelten. Es ging zu der Stiefmutter und zeigte ihr an, dass die Arbeit vollbracht wäre. „Du hättest längst fertig sein sollen", sagte sie, und ward blass vor Ärger. Aber sie sann etwas Neues aus.

Das Ausschöpfen des Teiches ist auch wieder ein Symbol, das in vielen Märchen vorkommt. So wie das Wasser des Brunnens, in den das Mädchen fiel, als es zur Frau Holle ging, oder in das wir jede Nacht fallen, wenn wir einschlafen, ist auch hier das Wasser des Teiches das Symbol für das Unterbewusste, das Unbewusste, die Unterwelt oder wie wir das nennen wollen. Auf dem inneren Entwicklungsweg genügt es nicht, die ‚höheren' seelischen Ebenen zu kennen (das Arbeiten an den Federn), wir müssen uns auch mit den ‚unteren' Bereichen abgeben. Unser Unterbewusstes muss ausgeschöpft, das heißt bewusst gemacht werden; das ist eine lange und mühselige Arbeit. Ein Teil unserer Seele kann sich dabei schlafen legen, während die alte Frau (die Fee, die alte Groß-Mutter) oder wenn man ihr einen psychologischen Namen geben will, die Kraft unserer

Sehnsucht, unserer Aspiration, die Arbeit vollbringt. Sri Aurobindo sagt: „Die Aspiration ist die größte Kraft, die es in diesem Weltall gibt." [8]

> Am dritten Morgen sprach sie zu dem Mädchen: „Dort in der Ebene musst du mir ein schönes Schloss bauen, und zum Abend muss es fertig sein." Das Mädchen erschrak und sagte: „Wie kann ich ein so großes Werk vollbringen?" „Ich dulde keinen Widerspruch", schrie die Stiefmutter, „kannst du mit einem durchlöcherten Löffel einen Teich ausschöpfen, so kannst du auch ein Schloss bauen. Noch heute will ich es beziehen, und wenn etwas fehlt, sei es das Geringste in Küche oder Keller, so weißt du, was dir bevorsteht." Sie trieb das Mädchen fort, und als es in das Tal kam, so lagen da die Felsen übereinander aufgetürmt; mit aller seiner Kraft konnte es den kleinsten nicht einmal bewegen.

Das Schloss ist ein vieldeutiges Symbol. Unser Bewusstsein ist wie ein Haus – oder vielleicht auch nur eine kleine Hütte, eine enge Wohnung oder sogar nur wie ein Unterschlupf unter aufgetürmten Felsbrocken –, doch die Sehnsucht des Menschen geht dahin, nicht für immer in solch armseliger Behausung zu wohnen, sondern sich ein Schloss zu bauen mit vielen Zimmern, Stockwerken, Keller- und Dachgemächern. Es ist ein Bild für die Sehnsucht nach größerer Bewusstwerdung, nach einem zunehmenden Gewahrwerden all unserer unterschiedlichen Seinsebenen, unserer verschiedenen Wesensteile, unserer zahlreichen Seelenkräfte, die in uns wohnen.

Bei den alten Germanen gab es die Vorstellung vom Schloss der Götter, Walhalla, wo die Seelen in der Ewigkeit wohnen. Bis jetzt hat sich die Seele hier auf Erden nur einen vergänglichen Körper bauen können; vielleicht gelingt es ihr, in der Zukunft irgendwann einmal einen Körper aufzubauen, der nicht mehr vergänglich, sondern unsterblich ist. Die Taoisten des alten China sprachen diesbezüglich vom ‚diamantenen Leib'.

Jesus hat einmal gesagt: „Baut euch einen Sitz in der Ewigkeit." Das Schloss ist dieser Sitz, und jedes Mal, wenn wir meditieren, uns verinnerlichen, jedes Mal wenn wir versuchen, mit unserem Seelenwesen eins zu werden, jedes Mal wenn wir eine Arbeit tun, die unser Schutzengel uns auferlegt hat, bauen wir sozusagen an diesem Schloss. Dann üben wir das, was Jesus gesagt hat: „Sammelt euch Schätze im Himmel." [9] Selbst wenn wir glauben, dass unsere Meditation, unsere Aspiration keinen sichtbaren Erfolg in der physischen Welt gehabt hat, so ist es doch eine seelische ‚Bautätigkeit' gewesen, ein Backstein mehr für dieses Schloss in der Ewigkeit.

An diesem Schloss der Ewigkeit zu bauen ist sowohl Sehnsucht des Menschen, als auch sein innerer Auftrag. Dieser scheint zuerst wieder viel zu schwer, unmöglich und unerfüllbar zu sein. Doch in seiner Not erfährt das Mädchen erneut, dass es nicht alleine ist, dass ihm bei seiner schweren Aufgabe geholfen wird.

> Es setzte sich nieder und weinte, doch hoffte es auf den Beistand der guten Alten. Sie ließ auch nicht lange auf sich warten, kam und sprach ihm Trost ein: „Lege dich nur dort in den Schatten und schlaf, ich will dir das Schloss schon bauen. Wenn es dir Freude macht, so kannst du selbst darin wohnen." Als das Mädchen weggegangen war, rührte die Alte die grauen Felsen an. Alsbald regten sie sich, rückten zusammen und standen da, als hätten Riesen die Mauern gebaut. Darauf erhob sich das Gebäude und es war, als ob unzählige Hände unsichtbar arbeiteten und Stein auf Stein legten. Der Boden dröhnte, große Säulen stiegen von selbst in die Höhe und stellten sich nebeneinander in Ordnung. Auf dem Dach legten sich die Ziegel zurecht, und als es Mittag war, drehte sich schon die große Wetterfahne wie eine goldene Jungfrau mit fliegendem Gewand auf der Spitze des Turms.

> Das Innere des Schlosses war bis zum Abend vollendet. Wie es die Alte anfing, weiß ich nicht, aber die Wände der Zimmer waren mit Seide und Samt bezogen, buntgestickte Stühle standen da und reichverzierte Armsessel an Tischen von Marmor, kristallne Kronleuchter hingen von der Decke herab und spiegelten sich in dem glatten Boden; grüne Papageien saßen in goldenen Käfigen und fremde Vögel, die lieblich sangen; überall war eine Pracht, als wenn ein König da einziehen sollte.

Die Sonne wollte eben untergehen, als das Mädchen erwachte und ihm der Glanz von tausend Lichtern entgegen leuchtete. Mit schnellen Schritten kam es heran und trat durch das geöffnete Tor in das Schloss. Die Treppe war mit rotem Tuch belegt und das goldene Geländer mit blühenden Bäumen besetzt. Als es die Pracht der Zimmer erblickte, blieb es wie erstarrt stehen.

Wer weiß, wie lang es so gestanden hätte, wenn ihm nicht der Gedanke an die Stiefmutter gekommen wäre. „Ach", sprach es zu sich selbst, „wenn sie doch endlich zufrieden gestellt wäre und mir das Leben nicht länger zur Qual machen wollte." Das Mädchen ging und zeigte ihr an, dass das Schloss fertig wäre. „Gleich will ich einziehen", sagte sie und erhob sich von ihrem Sitz. Als sie in das Schloss eintrat, musste sie die Hand vor die Augen halten, so blendete sie der Glanz. „Siehst du", sagte sie zu dem Mädchen, „wie leicht dir's geworden ist, ich hätte dir etwas Schwereres aufgeben sollen."
Sie ging durch alle Zimmer und spürte in allen Ecken, ob etwas fehlte oder mangelhaft wäre, aber sie konnte nichts auffinden. „Jetzt wollen wir hinabsteigen", sprach sie und sah das Mädchen mit boshaften Blicken an, „Küche und Keller muss noch untersucht werden, und hast du etwas vergessen, so sollst du deiner Strafe nicht entgehen." Aber das Feuer brannte auf dem Herd, in den Töpfen kochten die Speisen, Kluft und Schippe waren angelehnt und an den Wänden das blanke Geschirr von Messing aufgestellt. Nichts fehlte, selbst nicht der Kohlenkasten und die Wassereimer. „Wo ist der Eingang zum Keller?" rief sie. „Wo der nicht mit Weinfässern reichlich angefüllt ist, so wird dir's schlimm ergehen." Sie hob selbst die Falltüre auf und stieg die Treppe hinab, aber kaum hatte sie zwei Schritte getan, so stürzte die schwere Falltüre, die nur angelehnt war, nieder. Das Mädchen hörte einen Schrei, hob die Türe schnell auf, um ihr zu Hilfe zu kommen, aber sie war hinabgestürzt, und es fand sie entseelt auf dem Boden liegen.

Die Stiefmutter ist im Unterbewussten, aus dem sie gekommen ist, wieder verschwunden. Sie braucht jetzt keine Aufträge mehr zu geben, das Mädchen hat die schweren Aufgaben vorläufig erfüllt.

Nun gehörte das prächtige Schloss dem Mädchen ganz allein. Es wusste sich in der ersten Zeit gar nicht in seinem Glück zu finden, schöne Kleider hingen in den Schränken, die Truhen waren mit Gold und Silber oder mit Perlen und Edelsteinen angefüllt, und es hatte keinen Wunsch, den es nicht erfüllen konnte. Bald ging der Ruf von der Schönheit und dem Reichtum des Mädchens durch die ganze Welt. Alle Tage meldeten sich Freier, aber keiner gefiel ihr. Endlich kam auch der Sohn eines Königs, der ihr Herz zu rühren wusste, und sie verlobte sich mit ihm. In dem Schlossgarten stand eine grüne Linde, darunter saßen sie eines Tages vertraulich zusammen, da sagte er zu ihr: „Ich will heimziehen und die Einwilligung meines Vaters zu unserer Vermählung holen; ich bitte dich, harre meiner hier unter dieser Linde, in wenigen Stunden bin ich wieder zurück." Das Mädchen küsste ihn auf die linke Backe und sprach: „Bleib mir treu und lass dich von keiner andern auf diese Backe küssen. Ich will hier unter der Linde warten, bis du wieder zurückkommst."

Das Mädchen blieb unter der Linde sitzen, bis die Sonne unterging, aber er kam nicht wieder zurück. Sie saß drei Tage …

Das sind die berühmten magischen drei Tage: heile heile Segen, drei Tage Regen …

… von Morgen bis Abend und erwartete ihn, aber vergeblich. Als er am vierten Tag noch nicht da war, so sagte sie: „Gewiss ist ihm ein Unglück begegnet, ich will ausgehen und ihn suchen und nicht eher wiederkommen, als bis ich ihn gefunden habe."

Die wachsende Seele ist auf der Suche nach Erfüllung, Seligkeit, Wahrheit, auf der Suche nach dem Geheimnis dieses Weltalls, und die Regel ist hier: Wenn man angefangen hat zu suchen, soll man nicht mehr aufhören, bis man gefunden hat. Deshalb verspricht sich das Mädchen gleich am Anfang: „Ich will ausgehen und ihn suchen und nicht eher wiederkommen, bis ich ihn gefunden habe." Das Suchen ist auch eine seelische ‚Tätigkeit', eine Übung, ein Ausdruck der Sehnsucht nach göttlicher Erfüllung. Wir suchen, weil etwas in uns ruft, weil etwas in uns schon gefunden hat. [10]

> Sie packte drei von ihren schönsten Kleidern zusammen, eines mit glän-
> zenden Sternen gestickt, das zweite mit silbernen Monden, das dritte mit
> goldenen Sonnen, und band eine Handvoll Edelsteine in ihr Tuch und machte
> sich auf.

Die drei seelischen Kleider symbolisieren verschiedene Intensitäten oder
Vollkommenheiten unseres Bewusstseins. Auch die Natur umhüllt uns
einmal mit dem Kleid der Sonne, einmal mit dem Kleid des Mondes oder
mit demjenigen der Sterne und spiegelt damit unsere sich wandelnden
Zustände des Bewusstseins, unsere seelischen Erfahrungen. Symbole
sind auch die Edelsteine, die ‚Blumen' der Mineralwelt; jeder Edelstein
mit seiner besonderen kristallinen Struktur entspricht einer seelischen
Vollkommenheit, z.B. Dankbarkeit, Aufrichtigkeit, Gleichmut, Hingabe,
Ausdauer … Die ‚Mutter' des Sri Aurobindo Ashrams sah diese Vollkommenheiten nicht nur in den Edelsteinen, sondern auch in den Blumen,
welche ja auch ganz besondere Schwingungen, ganz besondere seelische
Aspekte ausdrücken. [11]

> Sie fragte allerorten nach ihrem Bräutigam, aber niemand hatte ihn gesehen,
> niemand wusste von ihm. Weit und breit wanderte sie durch die Welt, aber
> sie fand ihn nicht. Endlich vermietete sie sich bei einem Bauern als Hirtin
> und vergrub ihre Kleider und Edelsteine unter einem Stein.

> Nun lebte sie als eine Hirtin, hütete ihre Herde, war traurig und voll Sehn-
> sucht nach ihrem Geliebten.

Dieses Hirtenleben ist seit uralten Zeiten eine Station auf der inneren
Suche. Man hütet die Tiere – alleine – in der Stille der Natur. Um noch
andere Welten als die fast ausschließlich von unserer Erziehung und
Gesellschaft gelebte mentale Welt (in der Gedanken und Worte uns so
sehr besetzen) kennenzulernen, ist es hilfreich, sich von den Menschen
zu trennen und in der Einsamkeit mit den Tieren zu leben. Dort ist es
einfacher, sich anderen Bewusstseinsbereichen zu öffnen und mit ihnen
eins zu werden. Die Tiere lehren uns eine andere Art der Kommunikation
als die der menschlichen Sprache, sie lehren uns, in einer Wirklichkeit

zu leben, die nicht wie unser Denken ständig von den scheinbaren Gegensätzen ‚gut und böse‘, ‚oben und unten‘, ‚vorher und nachher‘ beherrscht wird, sondern in einer Welt, wo alles ergänzende Polarität, ja wo alles Einheit ist. Für den frühen Menschen, der noch in diesem Einheitsbewusstsein lebte, war Himmel und Erde noch nicht von einem eifersüchtigen Gott getrennt; der Himmel für die Engel und die Erde für die Menschen. Es war eine alltägliche Wirklichkeit, überall Engel und Götter zu treffen. Man erlebte sie in der Einsamkeit des Waldes, der Wüste, des weiten Meeres – überall waren sie noch auf der Erde! [12]

Nun hütet das Mädchen also seine Herde. Hirte sein ist ein uraltes Symbol auch für das ‚Hüten‘ der eigenen Seelenkräfte. Immer wieder gilt es aufzupassen, dass alle bei uns sind – die Liebe, Heiterkeit, Geduld, Freude, Wachsamkeit, Ausdauer, Gelassenheit, Dankbarkeit, Aspiration, und wie sie noch alle heißen. Sie alle sollen wie die ‚Schäfchen‘ beim Hirten bleiben. Keines darf verloren gehen. Wenn doch eines vermisst wird, wenn uns zum Beispiel unsere Aspiration abhanden gekommen ist, so müssen wir diese Seelenkraft so lange suchen, rufen, herbeibitten, bis sie wieder da ist.

Im alten Ägypten trug der Pharao (in der Identifikation mit Osiris) einen Hirtenstab und einen Fliegenwedel gekreuzt über der Brust. So wie man mit dem runden Haken des Stabes ein Tier zu sich heranzieht und mit dem Wedel aufsässige Fliegen vertreibt, so kann man, psychologisch gesehen, die guten Kräfte an sich binden, die schlechten wegjagen.

Jeder, der Herr seines Seins werden will, muss dieses ‚Kreuz‘ – diese Übung – auf sich nehmen. Wenn Jesus sagt: „Nehmt euer Kreuz auf euch und folgt mir nach“, so hat er dabei wohl kaum an ein dingliches Kreuz gedacht, sondern wohl eher an solch eine seelische Übung, die wir auf uns nehmen sollen, um dadurch zu wachsen und vollkommener zu werden.

In meiner Kindheit haben wir vor dem Einschlafen das Lied gesungen: „Wer hat die goldnen Schäfchen, die hat der goldne Mond ... dann weidet er die Schäfchen auf seiner blauen Flur, denn all die weißen Sterne sind seine Schäfchen nur", und wer nach diesem Lied immer noch nicht einschlafen konnte, wurde aufgefordert, Schäfchen zu zählen.

All diese Hinweise zeigen, dass das ‚Hirten' ein tiefsinniges Lehrbild ist. [13]

In einer indischen Upanischad wird erzählt, wie der spirituelle Lehrer seinem Schüler, der bei ihm lernen möchte, den Auftrag gibt, eine Herde mit zehn Kühen zu hüten, und dass er erst zurückkommen dürfe, wenn aus diesen zehn Kühen eine Herde von tausend geworden sei. Das Lehren und Lernen großer Wahrheiten geschieht vor allem im Schweigen. Lange Zeit muss man in der Einsamkeit des Hirtenlebens wachsen, um zur seelischen Vollkommenheit zu reifen. Das gehört mit zur Erziehung, zu der inneren Entwicklung, der Reifung und Vollendung des Menschen.

> Sie hatte ein Kälbchen, dass gewöhnte sie an sich, fütterte es aus der Hand und wenn sie sprach: „Kälbchen, Kälbchen, knie nieder, vergiss nicht deine Hirtin wieder, wie der Königssohn die Braut vergaß, die unter der grünen Linde saß", so kniete das Kälbchen nieder und ward von ihr gestreichelt. Als sie ein paar Jahre einsam und kummervoll gelebt hatte, so verbreitete sich im Lande das Gerücht, dass die Tochter des Königs ihre Hochzeit feiern wollte. Der Weg nach der Stadt ging an dem Dorf vorbei, wo das Mädchen wohnte, und es trug sich zu, als sie einmal ihre Herde austrieb, dass der Bräutigam vorüberzog. Er saß stolz auf seinem Pferd und sah sie nicht an, aber als sie ihn ansah, so erkannte sie ihren Liebsten. Es war, als ob ihr ein scharfes Messer in das Herz schnitte. „Ach", sagte sie, „ich glaubte er wäre mir treu geblieben, aber er hat mich vergessen."
> Am andern Tag kam er wieder des Wegs. Als er in ihrer Nähe war, sprach sie zum Kälbchen: „Kälbchen, Kälbchen, knie nieder, vergiss nicht deine Hirtin wieder, wie der Königssohn die Braut vergaß, die unter der grünen Linde saß."
> Als er die Stimme vernahm blickte er herab und hielt sein Pferd an. Er schaute der Hirtin ins Gesicht, hielt dann die Hand vor die Augen, als wollte er sich auf etwas besinnen, aber schnell ritt er weiter und war bald

verschwunden. „Ach", sagte sie, „er kennt mich nicht mehr", und ihre Trauer ward immer größer.

All das sind Szenen, die in vielen Märchen vorkommen, in denen der Königssohn die Braut nicht wiedererkennt.

Wenn wir an die verschiedenen Leben denken, die die Seele auf Erden durchmacht, kann es da vielleicht vorkommen, dass ein Mensch eine Geliebte (oder einen Geliebten) in einem anderen Körper wieder trifft, diesen jedoch nicht mehr kennt, oder von jenem nicht mehr wiedererkannt wird?

Ja. Wahres, tiefes Erkennen ist nur möglich auf der seelischen Ebene – wenn Resonanz stattfindet. Der Königssohn ist dazu noch nicht bereit. Womit er noch nicht in Verbindung ist, ist seine Seele. Sie ist die *wahre Braut*. Sie erkennt er noch nicht. Vielleicht, weil in ihm noch andere Kräfte dominieren. Da ist noch keine Resonanz in ihm für ‚seelische Frequenzen'. [14]

Bald darauf sollte an dem Hofe des Königs drei Tage lang ein großes Fest gefeiert werden, und das ganze Land ward dazu eingeladen. Nun will ich das letzte versuchen, dachte das Mädchen, und als der Abend kam, ging es zu dem Stein, unter dem es seine Schätze vergraben hatte. Sie holte das Kleid mit den goldenen Sonnen hervor, legte es an und schmückte sich mit den Edelsteinen. Ihre Haare, die sie unter einem Tuch verborgen hatte, band sie auf, und sie fielen in langen Locken an ihr herab. So ging sie nach der Stadt und ward in der Dunkelheit von niemand bemerkt. Als sie in den hell erleuchteten Saal trat, wichen alle voll Verwunderung zurück, aber niemand wusste, wer sie war. Der Königssohn ging ihr entgegen, doch er erkannte sie nicht. Er führte sie zum Tanz und war so entzückt über ihre Schönheit, dass er an die andere Braut gar nicht mehr dachte. Als das Fest vorüber war, verschwand sie im Gedränge und eilte vor Tagesanbruch in das Dorf, wo sie ihr Hirtenkleid wieder anlegte.

Am anderen Abend nahm sie das Kleid mit den silbernen Monden heraus und steckte einen Halbmond von Edelsteinen in ihre Haare. Als sie sich auf dem Fest zeigte, wendeten sich alle Augen nach ihr, aber der Königssohn eilte ihr entgegen, und ganz von Liebe erfüllt tanzte er mit ihr allein und blickte keine andere mehr an. Ehe sie wegging, musste sie ihm versprechen, den letzten Abend nochmals zum Fest zu kommen.

Als sie zum dritten Mal erschien, hatte sie das Sternenkleid an, das bei jedem ihrer Schritte funkelte, und Haarband und Gürtel waren Sterne von Edelsteinen.

Im ersten Kleid ist sie so schön wie die Sonne, im zweiten Kleid so leuchtend wie der Mond, und im dritten Kleid so strahlend wie alle Sterne des Universums. Das sind die drei Schritte in der Eroberung deines Bewusstseins: Zuerst so hell und schön wie die Sonne, das ist die Tageswelt, das ist die Welt, die du siehst, wenn du morgens aufwachst und spazieren gehst. Dann, wenn du ein bisschen weiterforschst, wirst du entdecken, dass die Nacht und der Mond und die Träume genauso schön sein können, wenn nicht schöner. Und schließlich, wenn du die Ebene des kosmischen Bewusstseins erreichst, sind alle Sterne in deinem Kleid. Du hast dich mit dem Weltall bekleidet, bist eins mit ihm geworden.

Der Königssohn hatte schon lange auf sie gewartet und drängte sich zu ihr hin. „Sage mir nur, wer du bist?", sprach er, „mir ist, als wenn ich dich schon lange gekannt hätte." „Weißt du nicht", antwortete sie, „was ich tat, als du von mir schiedest?" Da trat sie zu ihm heran und küsste ihn auf die linke Backe – in dem Augenblick fiel es wie Schuppen von seinen Augen, und er erkannte die wahre Braut.

Endlich wird die Seele, indem sie sich in ihren strahlenden Kleidern offenbart, als die ‚wahre Braut' erkannt. Nun kehren sie zurück in das Schloss, wo in voller Freude die mystische Hochzeit stattfindet.

„Komm", sagte er zu ihr, „hier ist meines Bleibens nicht länger", reichte ihr die Hand und führte sie hinab zu dem Wagen. Als wäre der Wind vorgespannt, so eilten die Pferde zu dem Wunderschloss. Schon von weitem erglänzten die erleuchteten Fenster. Als sie bei der Linde vorbeifuhren, schwärmten unzählige Glühwürmer darin; sie schüttelte ihre Äste und sendete ihre Düfte herab. Auf der Treppe blühten die Blumen, aus dem Zimmer schallte der Gesang der fremden Vögel, aber in dem Saal stand der ganze Hof versammelt, und der Priester wartete, um den Bräutigam mit der wahren Braut zu vermählen.

Anmerkungen

[1] **Matronensteine** aus dem Rheinland kann man z.B. im Römisch-Germanischen Museum in Köln ausgestellt sehen. Die drei Stadien der Frau spiegeln sich, so vermutet Medhananda, auch in den wohl einst matriarchalischen Namen der drei berühmten Schweizer Berge: Eiger, Mönch und Jungfrau. Da steht die ‚Eignerin‘, die Haus-Eigentümerin und Familienfrau, nebenan die alte Frau, die Mönchin, die sich aus der Welt zurückzieht und Monas, die Einheit des Seins realisiert, und an ihrer Seite die Jungfrau. In späterer, patriarchalischer Zeit wurden die Namen der Berge überall vermännlicht, bis auf wenige Ausnahmen (die Rigi, die Jungfrau, die weiße Frau).

Das ‚Mädchen‘ und die ‚Alte‘ (zwei Aspekte der großen Mutter) erläutert Medhananda auch ausführlich im Märchen *Der Trommler.*

[2] **Hagia Sophia**, griechisch *heilige Weisheit* (das innere Wissen, die Gnosis) wurde im byzantinischen Christentum als weibliche Kraft gesehen und als ein Aspekt der großen Mutter verehrt. Die nach ihr benannte Kirche in Istanbul war ein Zentrum für östliche und westliche Weisheit. Später wurde diese Kirche eine Moschee, ab 1935 ein Museum, und seit 2020 wieder eine Moschee.

[3] **Die Herakles-Sage** interpretiert Medhananda in *Verborgene Weisheit,* Kapitel „Das Evangelium des Herakles".

[4] **Kali** symbolisiert in der indischen Philosophie einen Aspekt der ‚großen Mutter‘, der kosmischen Bewusstseins-Kraft, die – meist durch vorangehende Zerstörung und unerwartete Einbrüche in die bestehende Ordnung – schnelle Umwandlung, Erneuerung, evolutionäres Wachstum, Bewusstseins-Mutationen bringt.

Im Märchen *Der Trommler* ist es die Figur der ‚Alten‘, die diese Kraft der schnellen Transformation darstellt.

[5] **Das Bild ‚Anna Selbdritt‘**
von Leonardo da Vinci
hängt im Louvre in Paris.

⁶ **Corps glorieux** ist ein französischer Ausdruck, den Mirra Alfassa (im Sri Aurobindo ‚die Mutter' genannt) oft in den Gesprächen mit ihren Schülern verwendete. (Diese Gespräche in französischer Sprache wurden als *Entretiens* veröffentlicht).

⁷ **Arbeiten mit Federn** werden auch den Mädchen im Märchen *Frau Holle* aufgetragen. Das Federdeckbett von Frau Holle muss so geschüttelt werden, dass es auf der Erde schneien kann.

Das Symbol Feder erläutert Medhananda ausführlich im Märchen *Die goldene Gans*.

⁸ **Die Kraft der Aspiration**

Sri Aurobindo schreibt im Buch *Die Mutter:* „Zwei Kräfte sind es, die allein in ihrem Zusammenwirken das große und schwierige Werk vollbringen können, um das wir uns zielstrebig bemühen: eine stete, unversiegbare Sehnsucht (Aspiration), die von unten ruft, und die höchste Gnade von oben, die darauf antwortet." (Unten und oben sind natürlich nicht räumlich, sondern bewusstseinsmäßig zu verstehen.)

⁹ **Matthäusevangelium** 6, 19-20

„Ihr sollt euch nicht Schätze sammeln auf Erden, wo sie die Motten und der Rost fressen, und wo die Diebe einbrechen und stehlen. Sammelt euch aber Schätze im Himmel, wo sie weder Motten noch Rost fressen, und wo die Diebe nicht einbrechen und stehlen."

¹⁰ **Nicht aufhören zu suchen**

Im Thomasevangelium heißt es im Logion 2: „Jesus sagte: ‚Der Suchende soll nicht aufhören zu suchen, bis er findet. Und wenn er findet, wird er erschüttert sein; und (wenn) er erschüttert ist, wird er verwundert sein, und er wird König sein über das All.' "

¹¹ **Blumen-Botschaften**

Mirra Alfassa, die Mutter, hat in der Schwingung, Ausstrahlung einer Blume eine seelische Entsprechung (eine Seelenqualität, z. B. Schönheit, Liebe, Geduld, Empfänglichkeit, Aufrichtigkeit, Ausdauer) wahrgenommen und sie danach benannt. Während vieler Jahre verteilte sie täglich Blumen an ihre Schüler im Sri Aurobindo Ashram. Jede ‚Blumen-Botschaft' war für den Yogaschüler ein Hinweis, wo er seelisch an sich zu arbeiten habe, wo er in seiner inneren Entwicklung einen Fortschritt gemacht hatte, bzw. wo noch einer zu machen sei …

¹² Engel und Götter

An anderer Stelle äußerte Medhananda einmal: „Zwischen der materiellen Welt und der Welt der reinen Energien gibt es die Welt der Archetypen, der Götter/Göttinnen, Engel, Feen, Nymphen, Dämonen etc. Es ist die ‚Brücken-welt‘, dem Regenbogen vergleichbar. Ist der Regenbogen ein Ding? Ist er eine Energie? Er steht dazwischen. Wenn das Licht auf die Wassertropfen trifft, bricht (verwandelt) es sich in viele Farben – ein Bild für diese ‚Zwischenwelt‘, die für unsere Vorfahren sehr wichtig war, und von der auch die Märchen, Mythen, Legenden vieler alten Kulturen erzählen."

¹³ Das ‚Hirten‘ seiner Seelenkräfte

Im Märchen *Die Gänsemagd* hütet die Prinzessin Gänse, auch ein Symbol für das Hirten von Seelenkräften. Noch heute hält der Bischof, Kardinal oder Papst bei religiösen, kirchlichen Zeremonien einen goldenen Hirtenstab in der Hand.

¹⁴ Seelische Resonanz

Resonanz, Empfänglichkeit für höhere, ‚seelische‘ Schwingungen kann man üben – z.B. in der Meditation. Jo Gebser, die Frau des Kulturphilosophen Jean Gebser, sagte einmal: „Meditation ist die Sensibilisierung für die Wahrneh-mung hoher und höherer Frequenzen. Sie bedingt die Beherrschung des Kör-pers und damit die Ruhigstellung der lebensnotwenigen, aber langwelligen, vergröberten Frequenzen der Materie. In die Vorstellungswelt übertragen, hieße das zum Beispiel: Wenn ich die Sendungen eines Ultrakurzwellenbe-reiches hören will, darf ich nicht den Langwellenbereich eingeschaltet haben." (Aus dem Vortrag „Du suchst, weil Du gefunden hast", gehalten am 5. Okt. 1973 in Bad Boll, Deutschland)

Der Trommler

Früher, noch zu Napoleons Zeiten, sind die Soldaten mit Gewehren auf den Schultern in Reih und Glied auf den Feind los marschiert. Unter diesen Soldaten gab es auch Trommler, die mit lautem Trommelwirbel den Kameraden Mut einflößten und die Feinde einzuschüchtern versuchten.

Es gibt in Indien den Yoga des ‚Kriegers‘, Raja Yoga genannt. Auf diesem Weg der Bewusstwerdung versucht man – wie ein wachsamer, mutiger, furchtloser Krieger – die inneren, oft unbewussten ‚feindlichen‘ Kräfte, z.B. Angst, Kleingläubigkeit, Verzagtheit, Minderwertigkeitskomplexe, Trübsinn, Feigheit, Verdruss, etc. zu erkennen und zu besiegen. Dieses Märchen erzählt von solch einem mutigen Krieger, einem Trommler, der diesen inneren Weg – mit all seinen Schwierigkeiten und Hindernissen – auf sich nimmt.

Jeder, der sich selbst erobern will, der seine wahre Identität, seine Seele sucht und bereit ist, die eigenen psychologischen Hindernisse zu überwinden, geht den Weg des Trommlers.

Die Figuren, Dinge und Aufgaben, von denen erzählt wird, sind Symbole für Seelenkräfte, für ein inneres Geschehen, für psychologische Arbeiten. Diese innere Welt kann ja nur mit Hilfe von Symbolen gezeigt werden.

> Eines Abends ging ein junger Trommler ganz allein auf dem Feld und kam an einen See, da sah er an dem Ufer drei Stückchen weiße Leinewand liegen. „Was für feines Leinen“, sprach er und steckte eins davon in die Tasche. Er ging heim, dachte nicht weiter an seinen Fund und legte sich zu Bett. Als er eben einschlafen wollte, war es ihm, als nennte jemand seinen Namen. Er horchte und vernahm eine leise Stimme, die ihm zurief: „Trommler, Trommler, wach auf.“

Gleich zu Beginn des Märchens werden wir auf die Schwelle geführt: Es heißt: „als er eben einschlafen wollte". Diese Schwelle zwischen Wachsein und Schlaf birgt alle Geheimnisse des Lebens. Wenn unsere Meditation erfolgreich ist, führt sie uns an diese Schwelle. Wenn wir noch einen Schritt weitergehen, sind wir eingeschlafen, dann sind wir zu weit gegangen, verlieren die Kontrolle, unser Selbstgewahrsein. Wir müssen also auf der Schwelle wach bleiben, das ist das Geheimnis der Meditation. In diesem besonderen Bewusstseinszustand hört der Trommler eine leise Stimme: „Trommler, Trommler, wach auf!" Er ist ja gar nicht eingeschlafen, trotzdem sagt ihm die Stimme: „Wach auf!"

Ist es der Ruf der Seele, den er da vernimmt? Woraus soll er wohl erwachen?

Vielleicht aus seiner Routine, seinem Alltagstrott – seinem gewöhnlichen Bewusstsein.

> Er konnte, da es finstere Nacht war, niemand sehen, aber es kam ihm vor, als schwebte eine Gestalt vor seinem Bett auf und ab. „Was willst du?", fragte er. „Gib mir mein Hemdchen zurück", antwortete die Stimme, „das du mir gestern Abend am See weggenommen hast."

Der See ist ein Symbol des Seelischen. Von dort hat der Trommler etwas mitgebracht, ein Stückchen ‚feines Leinen'. Das war in früherer Zeit etwas Kostbares, Außergewöhnliches, selten Anzutreffendes, denn der gewöhnliche Bürger trug nur grobe Leinenkleider. Wenn wir uns jetzt nach der symbolischen Bedeutung fragen, so hat der Trommler am Ufer des Sees – dem Übergangsbereich von Land und Wasser, von dinglicher und vibrierender Welt – vielleicht ein seelisches Erlebnis, eine erste, vielleicht nur oberflächliche Begegnung mit seiner Seele gehabt, von dem er einen Hauch, ein ‚Hemdchen' mit nach Hause gebracht hat, und dieses schöne Erlebnis wird nun beim Einschlafen – dem Übergangsbereich von Wachsein und Schlaf – wieder lebendig in ihm.

> „Du sollst es wiederhaben", sprach der Trommler, „wenn du mir sagst, wer

du bist." „Ach", erwiderte die Stimme, „ich bin die Tochter eines mächtigen Königs …

Sie ist von hoher Abstammung: Die Seele ist das, was direkt vom Göttlichen kommt.

… aber ich bin in die Gewalt einer Hexe geraten …

Diese Gewalt ist die Kraft der Natur, der steten Umwandlung, des Werdens und Vergehens, des andauernden Wechsels von Geburt und Tod.

… und bin auf den Glasberg gebannt. Jeden Tag muss ich mit meinen zwei Schwestern im See baden, aber ohne mein Hemdchen kann ich nicht wieder fortfliegen. Meine Schwestern haben sich fortgemacht, ich aber habe zurückbleiben müssen. Ich bitte dich, gib mir mein Hemdchen wieder." „Sei ruhig, armes Kind", sprach der Trommler, „ich will dirs gerne zurückgeben." Er holte es aus seiner Tasche und reichte es ihr in der Dunkelheit hin. Sie erfasste es hastig und wollte damit fort. „Weile einen Augenblick", sagte er, „vielleicht kann ich dir helfen." „Helfen kannst du mir nur, wenn du auf den Glasberg steigst und mich aus der Gewalt der Hexe befreist."

Um die Seele aus der Gewalt der Hexe zu befreien, muss der Held also auf einen hohen Berg steigen, so wie auch Herakles, Moses und Jesus auf einen hohen Berg gestiegen sind, auf eine hohe Ebene des Bewusstseins. In uns gibt es ja ganz verschiedene Bewusstseinsbereiche, körperliche, vitale, mentale, übermentale und supramentale Bewusstseinsstufen, und wer seine Seele zu befreien sucht, muss auf die Höhe steigen und sich all dieser Ebenen bewusst werden, muss sich selbst transparent werden. Der Berg ist ja durchsichtig.

„Aber zu dem Glasberg kommst du nicht, und wenn du auch ganz nahe daran wärst, so kommst du nicht hinauf." „Was ich will, das kann ich", sagte der Trommler, „ich habe Mitleid mit dir, und ich fürchte mich vor nichts. Aber ich weiß den Weg nicht, der nach dem Glasberg führt."

„Was ich will, das kann ich." Das Wollen ist hier nicht ein Verlangen nach etwas Äußerlichem, sondern die große Kraft, die uns hilft, unsere tiefste Aspiration zu verwirklichen; unsere Seele zu finden. Der Trommler ist voller Zuversicht, voller Glaube an sich selbst, voller Entschlusskraft und ohne Furcht. Das sind die Qualitäten eines Helden, eines wahren ‚Kriegers', der bereit ist, sein Leben zu opfern, der alles daran gibt, die noch unbekannte Königstochter zu befreien.

„Der Weg geht durch den großen Wald ..."

Der Weg führt durch das Leben, das eigene Bewusstsein, das zunächst dunkel und noch voll unbekannter Kräfte ist.

„... in dem die Menschenfresser hausen", antwortete sie.

Die Menschenfresser sind ungezähmte, vitale Kräfte, die, wenn wir sie nicht gehorsam und dienstbar machen, den Menschen ‚fressen' können. Obwohl jener äußerlich die Form des Menschen behält, herrschen dann in ihm ‚unmenschliche', wilde Kräfte, von denen er getrieben und gelenkt wird. Das ‚Menschliche' ist ‚gefressen' worden!

„Mehr darf ich dir nicht sagen." Darauf hörte er, wie sie fortschwirrte. Bei Anbruch des Tages machte sich der Trommler auf, hing seine Trommel um und ging ohne Furcht geradezu in den Wald hinein.

Er macht sich ohne Furcht auf den Weg, um seine Seele zu suchen, um seine Seele zu befreien.

Als er ein Weilchen gegangen war und keinen Riesen erblickte, so dachte er: „Ich muss die Langschläfer aufwecken", hing die Trommel vor und schlug einen Wirbel, dass die Vögel aus den Bäumen mit Geschrei aufflogen. Nicht lange, so erhob sich auch ein Riese in die Höhe, der im Gras gelegen und geschlafen hatte, und war so groß wie eine Tanne.

Er erweckt nun also Kräfte, die bis dahin geschlafen haben in seiner Natur, die ihm bis dahin noch nicht bewusst geworden sind.

„Du Wicht", rief er ihm zu, „was trommelst du hier und weckst mich aus dem besten Schlaf?"

Wenn diese vitalen Kräfte schlafen, sind sie harmlos, doch wenn sie geweckt werden, können sie gefährlich werden.

„Ich trommle", antwortete er, „weil viele Tausende hinter mir herkommen, damit sie den Weg wissen." „Was wollen die hier in meinem Wald?", fragte der Riese. „Sie wollen dir den Garaus machen und den Wald von einem Ungetüm, wie du bist, säubern." „Oho", sagte der Riese, „ich trete euch wie Ameisen tot." „Meinst du, du könntest gegen sie etwas ausrichten?", sprach der Trommler, „wenn du dich bückst, um einen zu packen, so springt er fort und versteckt sich, wie du dich aber niederlegst und schläfst, so kommen sie aus allen Gebüschen herbei und kriechen an dir hinauf. Jeder hat einen Hammer von Stahl am Gürtel stecken, damit schlagen sie dir den Schädel ein." Der Riese ward verdrießlich und dachte: „Wenn ich mich mit dem listigen Volk befasse, so könnte es doch zu meinem Schaden ausschlagen. Wölfen und Bären drücke ich die Gurgel zusammen, aber vor den Erdwürmern kann ich mich nicht schützen." „Hör, kleiner Kerl", sprach er, „zieh wieder ab, ich verspreche dir, dass ich dich und deine Gesellen in Zukunft in Ruhe lassen will, und hast du noch einen Wunsch, so sags mir, ich will dir wohl etwas zu Gefallen tun." „Du hast lange Beine", sprach der Trommler, „und kannst schneller laufen als ich, trag mich zum Glasberge, so will ich den Meinigen ein Zeichen zum Rückzug geben, und sie sollen dich diesmal in Ruhe lassen." „Komm her, Wurm", sprach der Riese, „setz dich auf meine Schulter, ich will dich tragen, wohin du verlangst." Der Riese hob ihn hinauf, und der Trommler fing oben an nach Herzenslust auf der Trommel zu wirbeln. Der Riese dachte: „Das wird das Zeichen sein, dass das andere Volk zurückgehen soll." Nach einer Weile stand ein zweiter Riese am Weg, der nahm den Trommler dem ersten ab und steckte ihn in sein Knopfloch. Der Trommler fasste den Knopf, der wie eine Schüssel groß war, hielt sich daran und schaute ganz lustig umher. Dann kamen sie zu einem dritten, der nahm ihn aus dem Knopfloch und setzte ihn auf den Rand seines Hutes; da ging der Trommler oben auf und ab und sah über die Bäume hinaus, und als er in blauer Ferne einen Berg erblickte, so dachte er: „Das ist gewiss der Glasberg", und er war es auch.

Wer, wie der Trommler, den Riesen-Kräften nicht die Macht überlassen, sondern Herr über sie werden will, begegnet ihnen mit innerer Stärke: mit Mut und Unerschrockenheit, gesunder Neugierde und Humor. Mit diesen Kräften gelingt es dem Trommler, sie gefügig und für seine Aufgaben dienstbar zu machen; sie tragen ihn nun zum Glasberg.

Der Riese tat noch ein paar Schritte, so waren sie an dem Fuß des Berges angelangt, wo ihn der Riese absetzte. Der Trommler verlangte, er sollte ihn auch auf die Spitze des Glasberges tragen, aber der Riese schüttelte mit dem Kopf, brummte etwas in den Bart und ging in den Wald zurück.

Der Riese vermag ihn nur bis zum Fuß des Glasbergs – nicht aber hinauf auf seine Spitze, eine höhere Ebene unseres Seins – zu tragen und bleibt im Wald zurück.

Nun stand der arme Trommler vor dem Berg, der so hoch war, als wenn drei Berge aufeinandergesetzt wären, und dabei so glatt wie ein Spiegel, und wusste keinen Rat, um hinaufzukommen. Er fing an zu klettern, aber vergeblich, er rutschte immer wieder herab.

Wenn wir uns üben, auf den Glasberg zu steigen (eine Meditationsübung) und versuchen, uns innerlich über die vitalen Impulse und über die vielen Gedanken zu erheben und unser Bewusstsein still und klar zu halten, rutschen wir anfänglich immer wieder hinab auf die ‚unteren' Ebenen.

„Wer jetzt ein Vogel wäre", dachte er, aber was half das Wünschen, es wuchsen ihm keine Flügel. Indem er so stand und sich nicht zu helfen wusste, erblickte er nicht weit von sich zwei Männer, die heftig miteinander stritten. Er ging auf sie zu und sah, dass sie wegen eines Sattels uneins waren, der vor ihnen auf der Erde lag, und den jeder von ihnen haben wollte. „Was seid ihr für Narren", sprach er, „zankt euch um einen Sattel und habt kein Pferd dazu." „Der Sattel ist wert, dass man darum streitet", antwortete der eine von den Männern, „wer darauf sitzt und wünscht sich irgendwohin, und wär's am Ende der Welt, der ist im Augenblick angelangt, wie er den Wunsch ausgesprochen hat. Der Sattel gehört uns gemeinschaftlich, die Reihe, darauf zu reiten, ist an mir, aber der andere will es nicht zulassen." „Den Streit will ich bald austragen", sagte der Trommler, ging eine Strecke weit und steckte einen weißen Stab in die Erde. Dann kam er zurück und sprach: „Jetzt lauft nach dem Ziel, wer zuerst dort ist, der reitet zuerst." Beide setzten sich in Trab …

Was symbolisieren die zwei sich streitenden Männer?

Kennen wir die nicht auch in uns? Zweie, die stets im Dialog sind, uneins. Diese Streitenden sind ein Symbol für die dualistisch geprägte Gedankenwelt: Da wird diskutiert und debattiert, da finden endlose Streitgespräche statt. Wenn wir z.B. eine Entscheidung zu treffen haben, so gibt es in uns Stimmen, die dafür und andere, die dagegen sind. Diese streiten sich nun und finden zu keiner Lösung. Theorien werden einer Praxis, einer inneren Erfahrung, vorgezogen: Es ist einfacher, über Yoga zu diskutieren, als ihn zu praktizieren. Es ist bequemer, über die Kraft der Liebe zu reden, als sie selbst zu üben. Es ist leichter, sich über Weisheitsfragen zu streiten, als selbst weise zu sein.

> … aber kaum waren sie ein paar Schritte weg, so schwang sich der Trommler auf den Sattel, wünschte sich auf den Glasberg, und ehe man die Hand umdrehte, war er dort.

Während die beiden Männer in ihren Streitgesprächen verharren und in eine Richtung rennen, die sie nicht weiterbringt, setzt sich der Trommler auf den Sattel – er praktiziert, worüber die beiden Männer (das Mentale) nur reden und streiten – und kommt so auf den Glasberg.

Was bedeutet dieser Sattel?

Wozu dient ein Sattel? Wir können uns auf ihn setzen und uns fortbewegen. Psychologisch gesehen ist es ein Sitz des Bewusstseins, ein Topos. Die Inder nennen es Asana, die Christen sprechen von Thronen. So wie es im Yoga verschiedene Asanas gibt, kennt man auch im Christentum verschiedene Throne: den Thron der Liebe, den Thron der Freude, den Thron des Friedens, der Ruhe, des Schweigens. In einem solchen Sitz ist man unmittelbar auf einer hohen Ebene des Seins. Wenn die Europäer Yoga praktizieren, meinen sie, der ‚Lotossitz' müsse vor allem körperlich geübt werden. Doch das Asana des Lotos ist vor allem ein psychologischer Sitz, eine innere Haltung: man übt, sich nicht wie die Fliegen in den Dreck, z.B. Ärger, Eifersucht, Wut, etc. zu begeben, sondern sich nur wie die Bienen in die Lotosblüte, in die Schönheit, Freude, Liebe, Harmonie zu setzen. Buddha sitzt immer im Lotos. Die indischen Götter sitzen auf einem Reittier: Ganesh auf einer Ratte, Shiva auf dem Stier, Durga auf dem Tiger. In China reitet Göttin Kuan Yin auf einem Drachen. So ein Reittier symbolisiert eine eroberte psychologische Kraft, auf die man sich nun setzen kann.

Auf dem Berg oben war eine Ebene, da stand ein altes steinernes Haus, und vor dem Haus lag ein großer Fischteich, dahinter aber ein finsterer Wald. Menschen und Tiere sah er nicht, es war alles still, nur der Wind raschelte in den Bäumen, und die Wolken zogen ganz nah über seinem Haupt weg. Er trat an die Türe und klopfte an. Als er zum dritten Mal geklopft hatte, öffnete eine Alte mit braunem Gesicht und roten Augen die Türe; sie hatte eine Brille auf ihrer langen Nase und sah ihn scharf an, dann fragte sie, was sein Begehren wäre. „Einlass, Kost und Nachtlager", antwortete der Trommler. „Das sollst du haben", sagte die Alte, „wenn du dafür drei Arbeiten verrichten willst." „Warum nicht?", antwortete er.

Die ‚Alte' treffen wir in vielen Märchen; einmal als Frau Holle oder Frau Trude, als altes Mütterchen, gute Fee oder Hexe. Diese archetypischen Figuren zeigen uns Aspekte der einen großen Mutter, die ja bei allen alten Völkern unter verschiedenen Namen und in unterschiedlicher Gestalt verehrt wurde. [1] Auch die Materie (von lat. Mater = Mutter), die steinalte Natur, ist ein Aspekt von ihr. In Ägypten wurde sie als Geiermutter

(Mut) – als das Prinzip, welches andauernd gebiert und auch auffrisst – dargestellt. Die Unbeständigkeit der Natur scheint für unser ‚Ich‘, das gerne immer so bleiben möchte, wie es ist, gefährlich und grausam zu sein. Auf alle und alles, was sich nicht ändern will, wirkt diese ‚Alte‘ böse und schrecklich. Erst wenn wir hinter ihrem Wirken die große evolutive Kraft der Umwandlung und Erneuerung erkennen und uns willentlich dieser Kraft hingeben und mitarbeiten, verliert diese ‚Alte‘ ihre dunkle (weil uns noch unbewusste) Gewalt über uns. Wir sehen dann, dass die schweren Arbeiten, die sie uns aufträgt, uns voranbringen in unserer Entwicklung, dass wir dadurch wachsen, reifen, Abstand zu unserem vergänglichen Ich bekommen und uns dafür immer stärker mit unserer Seele, unserem wahren unvergänglichen Selbst einen.

> „Ich scheue keine Arbeit, und wenn sie noch so schwer ist.“

Der Trommler zeigt die richtige Haltung: er ist bereit, die Aufträge dieser ‚Alten‘ zu vollbringen und sein Bestes zu geben.

> Die Alte ließ ihn ein, gab ihm Essen und abends ein gutes Bett. Am Morgen, als er ausgeschlafen hatte, nahm die Alte einen Fingerhut von ihrem dürren Finger, reichte ihn dem Trommler hin …

Der Fingerhut ist ein altes Symbol, das wir bei den Nornen finden, die unseren Schicksalsfaden spinnen.

> … und sagte: „Jetzt geh an die Arbeit und schöpfe den Teich draußen mit diesem Fingerhut aus, aber ehe es Nacht wird, musst du fertig sein, und alle Fische, die in dem Wasser sind, müssen nach ihrer Art und Größe ausgesucht und nebeneinandergelegt sein.“

Der Teich, den man ausschöpfen muss, ist ein Symbol, das wir in vielen deutschen Märchen vorfinden: man muss sein eigenes Unterbewusstes ausschöpfen, sich ‚psychoanalysieren‘, muss erkennen, was da alles im Teich drin schwimmt und diese Kräfte ordnen: sich selbst sozusagen in die größere Ordnung stellen.

„Das ist eine seltsame Arbeit", sagte der Trommler, ging aber zu dem Teich und fing an zu schöpfen. Er schöpfte den ganzen Morgen, aber was kann man mit einem Fingerhut bei einem großen Wasser ausrichten, und wenn man tausend Jahre schöpft? Als es Mittag war, dachte er: „Es ist alles umsonst, und ist einerlei, ob ich arbeite oder nicht", hielt ein und setzte sich nieder. Da kam ein Mädchen aus dem Haus gegangen, stellte ihm ein Körbchen mit Essen hin und sprach: „Du sitzest da so traurig, was fehlt dir?" Er blickte es an und sah, dass es wunderschön war. „Ach", sagte er, „ich kann die erste Arbeit nicht vollbringen, wie wird es mit den andern werden? Ich bin ausgegangen, eine Königstochter zu suchen, die hier wohnen soll, aber ich habe sie nicht gefunden; ich will weitergehen." „Bleib hier", sagte das Mädchen, „ich will dir aus deiner Not helfen. Du bist müde, lege deinen Kopf in meinen Schoß und schlaf. Wenn du wieder aufwachst, so ist die Arbeit getan." Der Trommler ließ sich das nicht zweimal sagen.

Wenn man das Gefühl hat, die Arbeit sei viel zu schwer, dann ist es gut, seiner Seele, seinem Schutzengel, den Kopf in den Schoß zu legen und sich ihm ganz anzuvertrauen. Im Schlaf oder in der Meditation können verborgene psychische Vorgänge in uns oft besser ‚gesehen' werden als beim Tätigsein.

Bei den Riesen und den sich streitenden Männern wusste sich der Trommler zu helfen, doch je ‚näher' er seiner Seele kommt, je ‚höher' er im Bewusstsein steigt, desto schwieriger werden die Aufgaben. Das scheint paradox zu sein!

Wir wissen von den großen Yogis und den Lehrern der Menschheit wie Jesus und Buddha und andern, dass es tatsächlich so ist, dass, je höher man im Bewusstsein steigt und je mehr man Seele wird, die Aufgaben und inneren Prüfungen schwieriger werden. Doch wird einem auch vermehrt geholfen! Zuerst ist es das Ich, welches die Anstrengungen des Weges auf sich zu nehmen scheint und die Hindernisse überwinden kann, dann aber muss man lernen, sein Ich loszulassen. Nicht das (so gern aktive) Ego kann letztlich die Aufgaben vollbringen, sondern das größere Selbst, das zwar der Trommler noch nicht als die wahre Königstochter, als seine Seele, erkennt, dem er sich dennoch vertrauensvoll hingibt und seinen Kopf in den Schoß legt. Hier geschieht also ein Führungswechsel: Das innere Wesen wird ‚aktiv‘, es hilft uns. Das äußere Wesen muss lernen, zu ruhen, stille zu sein, sich der Seele anzuvertrauen, sich hinzugeben.

> Sobald ihm die Augen zufielen, drehte sie einen Wunschring und sprach: „Wasser herauf, Fische heraus.“ Alsbald stieg das Wasser wie ein weißer Nebel in die Höhe und zog mit den andern Wolken fort, und die Fische schnalzten, sprangen ans Ufer und legten sich nebeneinander, jeder nach seiner Größe und Art.

Der Ring ist ein Symbol für die Unendlichkeit. In der Dimension der Ewigkeit ordnen sich die Dinge und Geschehnisse wie von selbst und gehen an den ihnen gemäßen Platz.

> Als der Trommler erwachte, sah er mit Erstaunen, dass alles vollbracht war. Aber das Mädchen sprach: „Einer von den Fischen liegt nicht bei seinesgleichen, sondern ganz allein. Wenn die Alte heute Abend kommt und sieht, dass alles geschehen ist, was sie verlangt hat, so wird sie fragen: ‚Was soll dieser Fisch allein?‘ dann wirf ihr den Fisch ins Angesicht und sprich: ‚Er soll für dich sein, alte Hexe.‘ “

Dieser Fisch kommt auch in den Evangelien vor. Die ersten Christen malten ihn an ihre Häuser, damit die vorbeiziehenden anderen Christen erkennen konnten, dass hier einer wohnte, der Jesus nachfolgte. Im Thomasevangelium, das im ersten Jahrhundert nach Christus aufgeschrieben und erst im 20. Jh. im Wüstensand Ägyptens wiedergefunden wurde, sagt Jesus [2]: „Der Mensch gleicht einem weisen Fischer, der sein Netz ins Meer warf, und er zieht es zurück gefüllt mit kleinen Fischen.“ Auch wir werfen unser Netz der Sinne hinaus in das Weltall, und jeden Augenblick kommen alle möglichen kleinen Fische in dieses Netz, wir hören, sehen, riechen, schmecken Dinge; von morgens bis abends werden wir mit Sinneseindrücken gefüllt. Doch nun heißt es weiter: „Mitten unter all den kleinen Fischen fand der einsichtige Fischer einen großen Fisch. Er warf all die vielen kleinen Fische wieder ins Meer zurück und wählte den großen Fisch ohne zu zögern." Er findet also mitten unter der *Vielheit* etwas ganz Wichtiges, Wertvolles, Kostbares, etwas, das alle andern kleinen Fische aufwiegt: die *Einheit des Seins*.

> Abends kam die Alte, und als sie die Frage getan hatte, so warf er ihr den Fisch ins Gesicht.

Die Alte, die steinalte Natur, die allen Kreaturen das Leben gibt und auch wieder nimmt, ihr hält er jetzt sozusagen die *Einheit des Seins* wieder vor, und dadurch mindert sich ihre Gewalt über ihn.

> Sie stellte sich, als merkte sie es nicht, und schwieg still, aber sie blickte ihn mit boshaften Augen an. Am andern Morgen sprach sie: „Gestern hast du es zu leicht gehabt, ich muss dir schwerere Arbeit geben. Heute musst du den ganzen Wald umhauen, das Holz in Scheite spalten und in Klaftern legen, und am Abend muss alles fertig sein."

Der Wald auf dem Glasberg ist ohne Riesen und Menschen, aber dunkel. Er symbolisiert die uns noch unbewussten Aspekte des Seelischen, die Schatten, die Projektionen, das, was die Inder Maya [3], Täuschung, nennen oder Samsara [4]. Diesen ganzen Wald, alle seine Illusionen, muss er jetzt umhauen und auch da hinein Licht und Ordnung bringen, alles in Scheite spalten und in Klafter legen, und am Abend muss alles fertig sein.

> Sie gab ihm eine Axt, einen Schläger und zwei Keile. Aber die Axt war von Blei, der Schläger und die Keile waren von Blech. Als er anfing zu hauen, so legte sich die Axt um, und Schläger und Keile drückten sich zusammen. Er wusste sich nicht zu helfen, aber mittags kam das Mädchen wieder mit dem Essen und tröstete ihn. „Lege deinen Kopf in meinen Schoß", sagte sie, „und schlaf. Wenn du aufwachst, so ist die Arbeit getan." Sie drehte ihren Wunschring, in dem Augenblick sank der ganze Wald mit Krachen zusammen, das Holz spaltete sich von selbst und legte sich in Klaftern zusammen; es war als ob unsichtbare Riesen die Arbeit vollbrächten.

Wiederum kann diese gewaltige Arbeit nur mit Hilfe der Seele vollbracht werden.

> Als er aufwachte, sagte das Mädchen: „Siehst du, das Holz ist geklaftert und gelegt; nur ein einziger Ast ist übrig, aber wenn die Alte heute Abend kommt und fragt, was der Ast solle, so gib ihr damit einen Schlag und sprich: ‚Der soll für dich sein, du Hexe.‘ "

Durch das Abholzen und Klären all unserer Illusionen und Täuschungen wächst die Einheit des Seins in uns, und dadurch – mit dem *einen* Ast – können wir uns wieder etwas mehr aus der Gewalt der Alten befreien. Wir können auch sagen: Je mehr sich der Trommler mit seinem seelischen Wesen, seinem wahren Selbst *eint,* desto weniger ist er den Kräften der Natur, die alle Formen immer wieder zerstören, verändern und umwandeln, ausgeliefert.

> Die Alte kam. „Siehst du", sprach sie, „wie leicht die Arbeit war, aber für wen liegt der Ast noch da?" „Für dich, du Hexe", antwortete er und gab ihr einen Schlag damit. Aber sie tat, als fühlte sie es nicht, lachte höhnisch und sprach: „Morgen früh sollst du alles Holz auf einen Haufen legen, es anzünden und verbrennen." Er stand mit Anbruch des Tages auf und fing an das Holz herbeizuholen, aber wie kann ein einziger Mensch einen ganzen Wald zusammentragen? Die Arbeit rückte nicht fort. Doch das Mädchen verließ ihn nicht in der Not, es brachte ihm mittags seine Speise, und als er gegessen hatte, legte er seinen Kopf in den Schoß und schlief ein. Bei seinem Erwachen brannte der ganze Holzstoß in einer ungeheuren Flamme, die ihre Zungen bis in den Himmel ausstreckte.

Bei den alten Germanen war das die ‚Götterdämmerung‘, [5] das heißt, die alte Welt verbrennt und eine neue, schönere und bessere wird daraus geboren.

> „Hör mich an", sprach das Mädchen, „wenn die Hexe kommt, wird sie dir allerlei auftragen, tust du ohne Furcht, was sie verlangt, so kann sie dir nichts anhaben, fürchtest du dich aber, so packt dich das Feuer und verzehrt dich.

Die Furchtlosigkeit ist hier das Wichtige. Sie spricht mit einem Krieger, mit einem, der sein Bewusstsein erobern will, und der darf sich nicht fürchten. Sobald wir vor etwas Angst haben, liefern wir uns der feindlichen Gewalt aus.

> „Zuletzt, wenn du alles getan hast, so packe sie mit beiden Händen und wirf sie mitten in die Glut." Das Mädchen ging fort, und die Alte kam herangeschlichen. „Hu! mich friert", sagte sie „aber das ist ein Feuer, das brennt, das wärmt mir die alten Knochen, da wird mir wohl. Aber dort liegt ein Klotz, der will nicht brennen, den hol mir heraus. Hast du das noch getan, so bist du frei und kannst ziehen, wohin du willst. Nur munter hinein." Der Trommler besann sich nicht lange, sprang mitten in die Flammen, aber sie taten ihm nichts, nicht einmal die Haare konnten sie ihm versengen.

Er erfüllt den Auftrag der Alten, tut, was das Mädchen, seine Seele, ihm geraten und springt beherzt ins Feuer. Er ist bereit, alles zu opfern. Da ist kein Ego mehr, das Widerstand bietet. Er ist jetzt zum wahren Selbst herangereift, und diesem kann das Feuer nichts anhaben.

> Er trug den Klotz heraus und legte ihn hin. Kaum aber hatte das Holz die Erde berührt, so verwandelte es sich, und das schöne Mädchen stand vor ihm, das ihm in der Not geholfen hatte, und an den seidenen, goldglänzenden Kleidern, die es anhatte, merkte er wohl, dass es die Königstochter war.

Jetzt, nachdem er ohne Furcht durchs Feuer gegangen ist und bereit, alles hinzugeben, offenbart sich ihm seine Seele in all ihrer Schönheit. Und er erkennt sie als die Kraft, die ihm stets geholfen hat, als die Kraft, die auch im Feuer Bestand hat und nicht zu Asche werden kann.

> Aber die Alte lachte giftig und sprach: „Du meinst, du hättest sie, aber du hast sie noch nicht." Eben wollte sie auf das Mädchen losgehen und es fortziehen, da packte er die Alte mit beiden Händen, hob sie in die Höhe und warf sie den Flammen in den Rachen, die über ihr zusammenschlugen, als freuten sie sich, dass sie eine Hexe verzehren sollten.

Die großen seelischen Erlebnisse dauern nicht immer an. „Du meinst, du hättest sie, aber du hast sie noch nicht," sagt ihm die Alte. Jetzt muss er um das ‚Mädchen' kämpfen, muss die Hexe ins Feuer werfen, muss erkennen, dass die ‚Alte' Feuer *ist*. Dadurch verschwindet ihre Macht.

Das große Feuer treffen wir in vielen Mythen und Märchen. Auch in den alten Veden, den heiligen Schriften Indiens, wird von ihm gesprochen. Sri Aurobindo erklärt uns, dass nicht ein äußeres Feuer gemeint ist, sondern die große Kraft, die uns voranbringt, umwandelt, läutert. Dieses Feuer ist Energie, ein nie endender Transformationsprozess. Moses hat es im Dornbusch als das große „Ich bin das Ich bin" erlebt. Jesus sagt im Thomasevangelium: „Ich bin Feuer, und wer mir nahe ist, ist dem Feuer nahe" oder „Ich habe Feuer auf die Welt geworfen, und siehe, ich hüte es, bis sie brennt." [6] Das ist psychologisch und nicht etwa dinglich aufzufassen, und genauso müssen wir auch die Vorgänge in den Märchen sehen.

> Die Königstochter blickte darauf den Trommler an, und als sie sah, dass es ein schöner Jüngling war, und bedachte, dass er sein Leben daran gesetzt hatte, um sie zu erlösen, so reichte sie ihm die Hand und sprach: „Du hast alles für mich gewagt, aber ich will auch für dich alles tun. Versprichst du mir deine Treue, so sollst du mein Gemahl werden."

„Du hast alles für mich gewagt, aber ich will auch für dich alles tun." Beide wollen zusammenbleiben und füreinander da sein. Sri Aurobindo hat einmal gesagt, die Aspiration, die von ‚unten' ruft, und die Gnade, die von ‚oben' antwortet, sind zwei Aspekte derselben Kraft. Wir glauben, dass zuerst das Suchen, Sehnen, Rufen da ist, und darauf die Gnade, die Seele, das Göttliche antwortet. Doch in Wirklichkeit sind beide immer zugleich.

> „An Reichtümern fehlt es uns nicht, wir haben genug an dem, was die Hexe hier zusammengetragen hat." Sie führte ihn in das Haus, da standen Kisten und Kasten, die mit ihren Schätzen angefüllt waren. Sie ließen Gold und Silber liegen und nahmen nur die Edelsteine.

Wenn man eins ist, wenn man ganz Seele ist, entdeckt man im Hause der großen Mutter, im Hause der Natur reiche Schätze. Die Seele ist immer reich. Es gibt nur ‚arme Teufel‘, solche, die das Eins-Sein noch nicht gefunden haben, solche, die noch entzweit sind, die in der Dualität, im Zweifel leben. Im Wort Zweifel so wie auch im Wort Diable (franz. Teufel) steckt ja ‚zwei‘. Deshalb sagt Laotse: „Wer leuchtend seinen Geist bewahrt, auf dass er *Eines* nur empfängt, der kann wohl inneren Zwiespalt vermeiden.“

> Sie wollte nicht länger auf dem Glasberg bleiben, da sprach er zu ihr: „Setze dich zu mir auf meinen Sattel, so fliegen wir hinab wie Vögel.“ „Der alte Sattel gefällt mir nicht“, sagte sie, „ich brauche nur an meinem Wunschring zu drehen, so sind wir zu Haus.“ „Wohlan“, antwortete der Trommler, „so wünsch uns vor das Stadttor.“

Es ist merkwürdig, dass der Trommler sich vor das Stadttor wünscht.

Ja, das Tor ist ja wiederum ein Symbol für einen Übergangsbereich. Es folgt jetzt eine neue Erfahrung, ein neuer Lebensabschnitt, oder man kann es auch als das Herunterkommen in eine neue Geburt sehen.

> Im Nu waren sie dort, der Trommler aber sprach: „Ich will erst zu meinen Eltern gehen und ihnen Nachricht geben, harre mein hier auf dem Feld, ich will bald zurück sein.“ „Ach“, sagte die Königstochter, „ich bitte dich, nimm dich in acht, küsse deine Eltern bei deiner Ankunft nicht auf die rechte Wange, denn sonst wirst du alles vergessen, und ich bleibe hier allein und verlassen auf dem Feld zurück.“

Bei einer Wiedergeburt besteht die Gefahr, dass das Kind, wenn es bei den neuen Eltern ankommt, sich sozusagen mit ihnen, ihren Lebensgewohnheiten, ihren gesellschaftlichen Normen identifiziert (sie küsst). Es vergisst dann, dass es zu einer bestimmten Aufgabe auf die Erde gekommen ist, es vergisst sein inneres Programm, seine Bestimmung, erinnert sich nicht mehr an sein seelisches Wesen.

„Wie kann ich dich vergessen?", sagte er und versprach ihr in die Hand, recht bald wiederzukommen. Als er in sein väterliches Haus trat, wusste niemand, wer er war, so hatte er sich verändert, denn die drei Tage, die er auf dem Glasberg zugebracht hatte, waren drei lange Jahre gewesen.

Auf dem Glasberg herrscht eine andere Zeit – da sind wir in der Dimension der Ewigkeit.

Da gab er sich zu erkennen, und seine Eltern fielen ihm vor Freude um den Hals, und er war so bewegt in seinem Herzen, dass er sie auf beide Wangen küsste und an die Worte des Mädchens nicht dachte. Wie er ihnen aber den Kuss auf die rechte Wange gegeben hatte, verschwand ihm jeder Gedanke an die Königstochter. Er leerte seine Taschen aus und legte Hände voll der größten Edelsteine auf den Tisch. Die Eltern wussten gar nicht, was sie mit dem Reichtum anfangen sollten. Da baute der Vater ein prächtiges Schloss, von Gärten, Wäldern und Wiesen umgeben, als wenn ein Fürst darin wohnen sollte. Und als es fertig war, sagte die Mutter: „Ich habe ein Mädchen für dich ausgesucht, in drei Tagen soll die Hochzeit sein." Der Sohn war mit allem zufrieden, was die Eltern wollten.

Er ist jetzt wieder auf einer andern Bewusstseinsebene, befindet sich in gewöhnlicher Gesellschaft und lässt sich von ihr beeinflussen. Bewusstseinszustände können sich ja schnell ändern: einmal sind wir auf unserer Höhe, dann sinken wir wieder hinunter.

Die arme Königstochter hatte lange vor der Stadt gestanden und auf die Rückkehr des Jünglings gewartet. Als es Abend ward, sprach sie: „Gewiss hat er seine Eltern auf die rechte Wange geküsst und hat mich vergessen." Ihr Herz war voll Trauer, sie wünschte sich in ein einsames Waldhäuschen und wollte nicht wieder an den Hof ihres Vaters zurück. Jeden Abend ging sie in die Stadt und ging an seinem Haus vorüber: er sah sie manchmal, aber er kannte sie nicht mehr.

Die Erziehung, die Schule, die Gesellschaft mit ihren Vorschriften,

Verhaltensregeln, Traditionen, Gesetzen füllt uns mit so viel unwesentlichem Stoff, dass wir unser wahres Wesen nicht mehr erkennen.

Endlich hörte sie, wie die Leute sagten: „Morgen wird seine Hochzeit gefeiert." Da sprach sie: „Ich will versuchen, ob ich sein Herz wiedergewinne." Als der erste Hochzeitstag gefeiert ward, da drehte sie ihren Wunschring und sprach: „Ein Kleid so glänzend wie die Sonne." Alsbald lag das Kleid vor ihr und war so glänzend, als wenn es aus lauter Sonnenstrahlen gewebt wäre. Als alle Gäste sich versammelt hatten, so trat sie in den Saal. Jedermann wunderte sich über das schöne Kleid, am meisten die Braut, und da schöne Kleider ihre größte Lust waren, so ging sie zu der Fremden und fragte, ob sie es ihr verkaufen wollte. „Für Geld nicht", antwortete sie, „aber wenn ich die erste Nacht vor der Türe verweilen darf, wo der Bräutigam schläft, so will ich es hingeben." Die Braut konnte ihr Verlangen nicht bezwingen und willigte ein, aber sie mischte dem Bräutigam einen Schlaftrunk in seinen Nachtwein, wovon er in tiefen Schlaf verfiel. Als nun alles still geworden war, so kauerte sich die Königstochter vor die Türe der Schlafkammer, öffnete sie ein wenig und rief hinein:

„Trommler, Trommler, hör mich an,
hast du mich denn ganz vergessen?
hast du auf dem Glasberg nicht bei mir gesessen?
habe ich vor der Hexe nicht bewahrt dein Leben?
hast du mir auf Treue nicht die Hand gegeben?
Trommler, Trommler, hör mich an."

Aber es war alles vergeblich, der Trommler wachte nicht auf, und als der Morgen anbrach, musste die Königstochter unverrichteter Dinge wieder fortgehen.

Die Seele ruft ihn – doch vergeblich, er schläft zu tief. Natürlich ist hier ein psychologisches Schlafen, ein Schlafen im Bewusstsein gemeint. Wenn wir uns zu sehr auf einer gewöhnlichen, veräußerlichten Ebene unseres Bewusstsein ‚ernähren', wenn sie uns ganz ausfüllt, verlieren wir unsere innere Wachsamkeit, hören den Ruf der Seele nicht mehr.

Am zweiten Abend drehte sie ihren Wunschring und sprach: „Ein Kleid so silbern als der Mond." Als sie mit dem Kleid, das so zart war wie der Mondschein, bei dem Fest erschien, erregte sie wieder das Verlangen der Braut und gab es ihr für die Erlaubnis, auch die zweite Nacht vor der Türe der Schlafkammer zubringen zu dürfen. Da rief sie in nächtlicher Stille:

„Trommler, Trommler, hör mich an,
hast du mich denn ganz vergessen?
hast du auf dem Glasberg nicht bei mir gesessen?
habe ich vor der Hexe nicht bewahrt dein Leben?
hast du mir auf Treue nicht die Hand gegeben?
Trommler, Trommler, hör mich an."

Aber der Trommler, von dem Schlaftrunk betäubt, war nicht zu erwecken. Traurig ging sie den Morgen wieder zurück in ihr Waldhaus. Aber die Leute im Haus hatten die Klage des fremden Mädchens gehört und erzählten dem Bräutigam davon; sie sagten ihm auch, dass es ihm nicht möglich gewesen wäre, etwas davon zu vernehmen, weil sie ihm einen Schlaftrunk in den Wein geschüttet hätte.

„Leute im Haus" im Haus des Bewusstseins mit seinen vielen ‚Stockwer-ken' haben den Ruf vernommen. Der Trommler erfährt jetzt aus ‚tieferen' oder ‚höheren' Schichten (vielleicht durch einen Traum, eine Intuition) von diesem Ruf.

Am dritten Abend drehte die Königstochter den Wunschring und sprach: „Ein Kleid flimmernd wie Sterne." Als sie sich darin auf dem Fest zeigte, war die Braut über die Pracht des Kleides, das die andern weit übertraf, ganz außer sich und sprach: „Ich soll und muss es haben." Das Mädchen gab es, wie die andern, für die Erlaubnis, die Nacht vor der Türe des Bräutigams zuzubringen. Der Bräutigam aber trank den Wein nicht, der ihm vor dem Schlafengehen gereicht wurde, sondern goss ihn hinter das Bett. Und als alles im Haus still geworden war, so hörte er eine sanfte Stimme, die ihn anrief:

„Trommler, Trommler, hör mich an,
hast du mich denn ganz vergessen?
hast du auf dem Glasberg nicht bei mir gesessen?
habe ich vor der Hexe nicht bewahrt dein Leben?
hast du mir auf Treue nicht die Hand gegeben?
Trommler, Trommler, hör mich an."

Plötzlich kam ihm das Gedächtnis wieder. „Ach", rief er, „wie habe ich so treulos handeln können, aber der Kuss, den ich meinen Eltern in der Freude meines Herzens auf die rechte Wange gegeben habe, der ist schuld daran, der hat mich betäubt." Er sprang auf, nahm die Königstochter bei der Hand und führte sie zu dem Bett seiner Eltern. „Das ist meine rechte Braut", sprach er, „wenn ich die andere heirate, so tue ich großes Unrecht."

Er erinnert sich also wieder an alles und erkennt, dass er sich mit der falschen Braut – nämlich mit der veräußerlichten Gesellschaft – verbunden hat. Er will nicht länger in diesem gewöhnlichen, oberflächlichen Bewusstsein bleiben, sondern dem Ruf seiner Seele folgen. Mutig und bestimmt kann er dies nun seinen Eltern (die ebenfalls schlafen) mitteilen.

Die Eltern, als sie hörten, wie alles sich zugetragen hatte, willigten ein. Da wurden die Lichter im Saal wieder angezündet, Pauken und Trompeten herbeigeholt, die Freunde und Verwandten eingeladen wiederzukommen, und die wahre Hochzeit ward mit großer Freude gefeiert. Die erste Braut behielt die schönen Kleider zur Entschädigung und gab sich zufrieden.

Jeder bekommt schlussendlich, was er sich wünscht: die falsche Braut begnügt sich mit den oberflächlichen Dingen, sie lebt weiterhin veräußerlicht, der Sucher der Wahrheit aber erfreut sich am wiedererlangten Einssein mit seiner Seele.[7]

Anmerkungen

[1] **Die *eine* große Mutter**

In Indien z.B. wird die kosmische evolutive Bewusstseinskraft, die in allem wirksam ist, als *große Mutter* (Shakti) in vier Emanationen wahrgenommen: als Maheshwari (Weisheit), als Mahalakshmi (Liebe), als Mahasaraswati (Vollkommenheit) und als Mahakali (Kraft). Letztere bewirkt Umwandlung und Erneuerung (oft durch vorherige Zerstörungen). Siehe auch Anmerkung 4 in *Die wahre Braut*.

[2] **Thomasevangelium**, Logion 8

[3] Das Sanskritwort **Maya** bedeutete in der indischen Philosophie ursprünglich Schöpferkraft. In der späteren Vedanta-Philosophie des Shankara bekam es die Bedeutung von Magie, Zauberei, Täuschung, Illusion und wurde als eine verhüllende Kraft gesehen, welche die Wahrheit unter Schleiern verbirgt, und auch als eine projizierende Kraft, die dem Menschen die Wahrheit als eine andere Wirklichkeit erscheinen lässt. Nicht die Welt als solche, sondern die Art, wie der Mensch sie sieht und erlebt und interpretiert, ist Maya, Täuschung.

[4] **Samsara** heißt in der Sanskrit-Sprache: ‚beständiges Wandern‘, womit der ewige Kreislauf von Werden und Vergehen, von Geburt und Tod gemeint ist. Im Hinduismus und Buddhismus werden die immerwährenden Zyklen der Wiedergeburten als leidvoll gesehen. Befreiung davon wird erlangt durch ein Loslassen aller Begierden, Wünsche, Bindungen und durch Erkenntnis (Bewusstwerdung). Im tibetischen Buddhismus wird Samsara als Lebensrad (mit den verschiedenen inneren Bewusstseinszuständen) gezeigt.

[5] *Die Götterdämmerung* ist der Titel des vierten Teils der Tetralogie *Der Ring des Nibelungen*, der zu den germanischen Mythen gehört.

[6] **Thomasevangelium**, Logion 82 und Logion 10

⁷ Im Märchen *Der Trommler* treffen wir viele Symbole an, die auch in andern Märchen vorkommen, so z.B.:

das Feuer und die Schätze im Haus (*Hänsel und Gretel*),

das Feuer und der Holzklotz (*Frau Trude*)

der Kuss (*Der goldene Vogel, Die wahre Braut*),

das Tor (*Frau Holle, Die Gänsemagd*),

der Ring (*die weiße Schlange, das Rumpelstilzchen*)

das Mädchen, die Alte, die schweren Arbeiten, das Vergessen (*Die wahre Braut*).

Die Figur der ,Alten' – hier streng und fordernd, erscheint im Märchen *Die wahre Braut* gütig und hilfreich. Wie kann das sein? So wie Kräfte, Energien, z.B. die Elektrizität, einen Plus- und Minuspol aufweisen, so kann auch eine Märchenfigur (auch eine Energie, Seelenkraft in uns) – komplementäre Aspekte zeigen. „Das echte Symbol" – so Jean Gebser – „ist eine Zusammenballung von sich ergänzenden Polen." (Siehe auch das Vorwort *Symbole sind schillernd*).

Hänsel und Gretel

Wir alle sind bewusst oder unbewusst auf der Suche nach der Wahrheit. Mit unzähligen Wörtern versuchen wir sie auszudrücken, doch keines der Wörter in unserem Wortschatz, keine der Symboldarstellungen, die wir kennen, ist die Wahrheit. Sie ist hinter den Wörtern, den Dingen, den Symbolbildern verborgen. Wenn wir sie in einer Formel festhalten wollen, wird alles falsch. Wir können sie nicht definieren, aber – wir können sie *sein*. Vielleicht werden wir eines Tages wie Jesus sagen können: „Ich bin die Wahrheit"; nicht unser kleines menschliches Ich, sondern das große, unbegrenzte Bewusstsein in uns ist dann mit diesem ‚Ich' gemeint.

Ob von einem Trommler, einem Schneiderlein, einem Prinzen oder – wie hier – von Hänsel und Gretel erzählt wird, immer ist der Mensch damit gemeint, der durch die Welt zieht und seine Wahrheit sucht, sich dabei im großen Wald des Lebens verliert, Entbehrungen, Schmerz und Trennung erlebt, seelische Aufgaben bewältigen muss, innere Hindernisse auf dem Reifungsweg überwinden lernt, und – so zeigen uns die Märchen – schließlich die Glückseligkeit findet, und das Einswerden mit seiner innersten Wahrheit feiern kann.

Jeder Weg dahin kann wieder anders aussehen, denn jeder Mensch geht ja seinen individuellen Weg.

> Vor einem großen Walde wohnte ein armer Holzhacker mit seiner Frau und seinen zwei Kindern; das Bübchen hieß Hänsel und das Mädchen Gretel.

Sie haben uns einmal gesagt, dass die Namen in Mythen und Märchen wichtig sind und uns Hinweise geben können über die psychologische Kraft, die sie symbolisieren. [1] *Haben die Namen Hänsel und Gretel etwas Besonderes zu bedeuten?*

Gretel ist die Abkürzung von Margarete, das heißt Perle, und Hänsel kommt von Hans, ein Name, in dem das Sanskritwort Hamsa, ‚Ich bin', mitschwingt. Ich denke aber, dass hier Hänsel und Gretel als alltägliche, häufig vorkommende Namen erscheinen; jeder von uns ist gemeint!

In einem tieferen Sinne ist natürlich jeder von uns auch die Perle und das große ‚Ich bin', das es zu entdecken gilt. Und in der Tat ‚ent-decken' die Kinder am Schluss der Geschichte ja dann auch lauter Perlen!

Der Vater ist ein armer Holzhacker.

Auch der Holzhacker ist ein Aspekt von uns selbst. Wir alle müssen hart arbeiten und haben es mit einer ‚trockenen' Materie zu tun, ob wir jetzt draußen im Wald oder als Lehrer, Jurist, Wirtschaftler oder Universitätsprofessor arbeiten: Das tägliche Holz muss mit Mühe gehackt werden. Doch durch diese Arbeit wird das Brennholz vorbereitet, damit das Feuer brennen kann, das Feuer unserer inneren Umwandlung.

> Er hatte wenig zu beißen und zu brechen, und einmal, als große Teuerung ins Land kam, konnte er das tägliche Brot nicht mehr schaffen. Wie er sich nun abends im Bette Gedanken machte und sich vor Sorgen herumwälzte, seufzte er und sprach zu seiner Frau: „Was soll aus uns werden? Wie können wir unsere armen Kinder ernähren da wir für uns selbst nichts mehr haben?" „Weißt du was, Mann", antwortete die Frau, „wir wollen morgen in aller Frühe die Kinder hinaus in den Wald führen, wo er am dicksten ist. Da machen wir ihnen ein Feuer an und geben jedem noch ein Stückchen Brot, dann gehen wir an unsere Arbeit und lassen sie allein. Sie finden den Weg nicht wieder nach Haus, und wir sind sie los."

Im Mythos von Ödipus ist es der Vater (König Laios) der seinen Sohn loswerden wollte, hier ist es aber merkwürdigerweise die Mutter, die ihre Kinder loswerden will.

In der französischen Version des Märchens, die von Charles Perrault [2] aufgeschrieben wurde, ist es der Vater, der seine Kinder wegschickt, und die Mutter empfängt sie freudig wieder. Vielleicht war es in der Grimms Version ursprünglich auch so, und in späterer Zeit wurde es (beeinflusst von der patriarchalischen Gesellschaftsstruktur) umgedreht. Doch wie dem auch sei, alle Eltern, auch die wohlhabenden, müssen eines Tages zu ihren Kindern sagen: bis hierher und nicht weiter; jetzt geht ihr in den Wald, d.h. jetzt geht ihr in die große Welt und sucht euch euren eigenen Platz.

> „Nein, Frau", sagte der Mann, „das tue ich nicht; wie sollt ich's übers Herz bringen, meine Kinder im Walde allein zu lassen! Die wilden Tiere würden bald kommen und sie zerreißen." „Oh, du Narr", sagte sie, „dann müssen wir alle viere Hungers sterben, du kannst nur die Bretter für die Särge hobeln", und ließ ihm keine Ruhe, bis er einwilligte. „Aber die armen Kinder dauern mich doch", sagte der Mann. Die zwei Kinder hatten vor Hunger auch nicht einschlafen können und hatten gehört, was die Stiefmutter zum Vater gesagt hatte.

Es ist hier also die Stiefmutter, die die Kinder loswerden will. Wie in so vielen Märchen treibt sie die Kinder in die Welt hinaus oder gibt ihnen schwere Arbeiten auf. Sie ist die Kraft, die uns auf den Entwicklungsweg bringt; wir sollen Fortschritte machen und unsere Bestimmung erreichen können. So ist im Grunde auch die Stiefmutter (und die Hexe) ein Aspekt der großen Mutter, die in uns Umwandlung bewirkt. (Die Inder würden sagen, es ist der Kali-Aspekt, der zum Tragen kommt.)

> Gretel weinte bittere Tränen und sprach zu Hänsel: „Nun ist's um uns geschehen." „Still, Gretel", sprach Hänsel, „gräme dich nicht, ich will uns schon helfen." Und als die Alten eingeschlafen waren, stand er auf, zog sein Röcklein an, machte die Untertüre auf und schlich sich hinaus. Da schien der Mond ganz hell, und die weißen Kieselsteine, die vor dem Haus lagen, glänzten wie lauter Batzen. Hänsel bückte sich und steckte so viele in sein Rocktäschlein, als nur hinein wollten. Dann ging er wieder zurück, sprach zu Gretel: „Sei getrost, liebes Schwesterchen, und schlaf nur ruhig ein, Gott wird uns nicht verlassen", und legte sich wieder in sein Bett.

Als der Tag anbrach, noch ehe die Sonne aufgegangen war, kam schon die Frau und weckte die beiden Kinder: „Steht auf, ihr Faulenzer, wir wollen in den Wald gehen und Holz holen." Dann gab sie jedem ein Stückchen Brot und sprach: „Da habt ihr etwas für den Mittag, aber esst's nicht vorher auf, weiter kriegt ihr nichts." Gretel nahm das Brot unter die Schürze, weil Hänsel die Steine in der Tasche hatte. Danach machten sie sich alle zusammen auf den Weg nach dem Wald. Als sie ein Weilchen gegangen waren, stand Hänsel still und guckte nach dem Haus zurück und tat das wieder und immer wieder. Der Vater sprach: „Hänsel, was guckst du da und bleibst zurück, hab Acht und vergiss deine Beine nicht!" „Ach, Vater", sagte Hänsel, „ich sehe nach meinem weißen Kätzchen, das sitzt oben auf dem Dach und will mir Ade sagen." Die Frau sprach: „Narr, das ist dein Kätzchen nicht, das ist die Morgensonne, die auf den Schornstein scheint." Hänsel aber hatte nicht nach dem Kätzchen gesehen, sondern immer einen von den blanken Kieselsteinen aus seiner Tasche auf den Weg geworfen.

Als sie mitten in den Wald gekommen waren, sprach der Vater: „Nun sammelt Holz, ihr Kinder, ich will ein Feuer anmachen, damit ihr nicht friert." Hänsel und Gretel trugen Reisig zusammen, einen kleinen Berg hoch. Das Reisig ward angezündet, und als die Flamme recht hoch brannte, sagte die Frau: „Nun legt euch ans Feuer, ihr Kinder, und ruht euch aus, wir gehen in den Wald und hauen Holz. Wenn wir fertig sind, kommen wir wieder und holen euch ab."

Hänsel und Gretel saßen um das Feuer, und als der Mittag kam, aß jedes sein Stücklein Brot. Und weil sie die Schläge der Holzaxt hörten, so glaubten sie, ihr Vater wär' in der Nähe. Es war aber nicht die Holzaxt, es war ein Ast, den er an einen dürren Baum gebunden hatte und den der Wind hin und her schlug. Und als sie so lange gesessen hatten, fielen ihnen die Augen vor Müdigkeit zu, und sie schliefen fest ein. Als sie endlich erwachten, war es schon finstere Nacht. Gretel fing an zu weinen und sprach: „Wie sollen wir nun aus dem Wald kommen?" Hänsel aber tröstete sie: „Wart nur ein Weilchen, bis der Mond aufgegangen ist, dann wollen wir den Weg schon finden." Und als der volle Mond aufgestiegen war, so nahm Hänsel sein Schwesterchen an der Hand und ging den Kieselsteinen nach, die schimmerten wie neugeschlagene Batzen und zeigten ihnen den Weg. Sie gingen die ganze Nacht hindurch und kamen bei anbrechendem Tag wieder zu ihres Vaters Haus.

Mit Hilfe des Mondlichtes und der darin silberweiß leuchtenden Steine finden die Kinder den Weg zurück nach Hause. Dieses Bild ist sehr bedeutsam und symbolisch: Der Mond mit seinem zu- und abnehmenden Zyklus gehört zum weiblichen Prinzip, zur großen Mutter, zum Traum- und Symbolwissen der matriarchalischen Zeit. Alle großen Feste wurden in der Nacht gefeiert. Und Steine waren den früheren Menschen ganz wichtig und heilig. In Steine wurden wichtige Botschaften eingraviert. Diese – zum Beispiel die Hieroglyphen, die ‚heiligen Zeichen' auf den Tempelsteinen im alten Ägypten – konnten demjenigen, der sie zu deuten wusste, eine Führung auf dem inneren Weg sein. [3] Sie sollten dem Schüler Hilfe bieten in seiner Suche nach Wahrheit, auf seinem Weg zum eigenen Ursprung. Es ist wohl nicht zufällig, dass auf der ägyptischen königlichen Elle (mit der die Tempel gebaut wurden) gerade 28 Symbolbilder eingraviert sind. Jedes dieser Bilder entspricht einer Nacht im Mondzyklus; jedes entspricht einer seelischen Übung, den Vollmond – die Erleuchtung – zu erreichen. Hier im Märchen sind es die Kieselsteine, die im ‚vollen Mond' den Weg nach ‚Hause' (zum eigenen Ursprung) zeigen. Dieses Märchenmotiv könnte also tiefere Wurzeln haben, die auf die Steinzeit, auf Ägypten zurückgehen [4].

Sie klopften an die Tür, und als die Frau aufmachte und sah, dass es Hänsel und Gretel waren, sprach sie: „Ihr bösen Kinder, was habt ihr so lange im Walde geschlafen, wir haben geglaubt, ihr wollet gar nicht wiederkommen." Der Vater aber freute sich, denn es war ihm zu Herzen gegangen, dass er sie so allein zurückgelassen hatte.

Nicht lange danach war wieder Not in allen Ecken, und die Kinder hörten, wie die Mutter nachts im Bette zu dem Vater sprach: „Alles ist wieder aufgezehrt, wir haben noch einen halben Laib Brot, hernach hat das Lied ein Ende. Die Kinder müssen fort, wir wollen sie tiefer in den Wald hineinführen, damit sie den Weg nicht wieder herausfinden; es ist sonst keine Rettung für uns." Dem Mann fiel's schwer aufs Herz, und er dachte: Es wäre besser, dass du den letzten Bissen mit deinen Kindern teiltest. Aber die Frau hörte auf nichts, was er sagte, schalt ihn und machte ihm Vorwürfe. Wer A sagt, muss B sagen, und weil er das erste Mal nachgegeben hatte, so musste er es auch zum zweiten Mal.

Die Kinder waren aber noch wach gewesen und hatten das Gespräch mitangehört. Als die Alten schliefen, stand Hänsel wieder auf, wollte hinaus und die Kieselsteine auflesen, wie das vorige Mal; aber die Frau hatte die Tür verschlossen, und Hänsel konnte nicht heraus. Aber er tröstete sein Schwesterchen und sprach: „Weine nicht, Gretel, und schlaf nur ruhig, der liebe Gott wird uns schon helfen."

Am frühen Morgen kam die Frau und holte die Kinder aus dem Bette. Sie erhielten ihr Stückchen Brot, das war aber noch kleiner als das vorige Mal. Auf dem Wege nach dem Wald bröckelte es Hänsel in der Tasche, stand oft still und warf ein Bröcklein auf die Erde. „Hänsel, was stehst du und guckst dich um?" sagte der Vater, „geh deiner Wege!" „Ich sehe nach meinem Täubchen, das sitzt auf dem Dache und will mir Ade sagen", antwortete Hänsel. „Narr", sagte die Frau, „das ist dein Täubchen nicht, das ist die Morgensonne, die auf den Schornstein oben scheint."

Es ist bedeutsam, dass hier zwei Arten des Sehens erwähnt werden; der eine sieht das Kätzchen oder Täubchen – also die körperliche Form –, der andere sieht jedes Mal die Sonne. Das erinnert an die altägyptische Litanei des RE; darin wird RE, die Sonne – Symbol für Bewusstseinslicht – in allen Wesen gesehen und gepriesen. Das tägliche Lesen dieser Litanei lehrte die Priester, alle Materie auch als Licht, als Bewusstsein zu sehen. Also insofern gehen die Wurzeln dieser scheinbar belanglosen Märchenepisode weit zurück.

Hänsel aber warf nach und nach alle Bröcklein auf den Weg.
Die Frau führte die Kinder noch tiefer in den Wald, wo sie ihr Lebtag noch nicht gewesen waren. Da ward wieder ein großes Feuer angemacht, und die Mutter sagte: „Bleibt nur da sitzen, ihr Kinder, und wenn ihr müde seid, könnt ihr ein wenig schlafen. Wir gehen in den Wald und hauen Holz, und abends, wenn wir fertig sind, kommen wir und holen euch ab." Als es Mittag war, teilte Gretel ihr Brot mit Hänsel, der sein Stück auf den Weg gestreut

hatte. Dann schliefen sie ein, und der Abend verging; aber niemand kam zu den armen Kindern. Sie erwachten erst in der finstern Nacht, und Hänsel tröstete sein Schwesterchen und sagte: „Wart nur, Gretel, bis der Mond aufgeht, dann werden wir die Brotbröcklein sehen, die ich ausgestreut habe, die zeigen uns den Weg nach Haus." Als der Mond kam, machten sie sich auf, aber sie fanden kein Bröcklein mehr, denn die viel tausend Vögel, die im Walde und im Felde umherfliegen, die hatten sie weggepickt. Hänsel sagte zu Gretel: „Wir werden den Weg schon finden." Aber sie fanden ihn nicht.

Die Brotkrumen sind wie die Worte, die Sprache der Menschen. Worte haben – verglichen mit den alten Symbolbildern der Steinzeit – keine Dauer. Sie ändern mit jeder neuen Generation ihre Bedeutung. Was zum Beispiel die frühere Bedeutung des Ausdrucks *Logos* war, wissen wir kaum noch. Worte werden von den Vögeln des Himmels, den großen Idealen und Philosophien aufgefressen, verdaut, umgewandelt und als neu wieder ausgeschieden. Nicht nur die Sprache, auch die Ideale und Philosophien, die ja vor allem von der mentalen Ebene her kommen, wandeln sich alle 100 Jahre wieder. Für die Gesellschaft scheinen aber Worte unglaublich wichtig und nahrhaft zu sein. Mit ihnen werden wir heute durch die Medien geradezu überfüttert. Den Weg nach ‚Hause' findet Hänsel aber nicht mit Brotkrumen. [5] Hingegen fanden sie den Weg mit den eher unnütz scheinenden, im Mondlicht leuchtenden Kieselsteinen: Diese sind von Dauer – so wie die alten, in Steine gemeißelten Zeichen, welche seelische Wahrheiten ausdrücken. Symbole haben Bestand, ein Merkmal der Steine – der Steinzeit!

Sie gingen die ganze Nacht und noch einen Tag von Morgen bis Abend, aber sie kamen aus dem Wald nicht heraus und waren so hungrig, denn sie hatten nichts als die paar Beeren, die auf der Erde standen. Und weil sie so müde waren, dass die Beine sie nicht mehr tragen wollten, so legten sie sich unter einen Baum und schliefen ein. Nun war's schon der dritte Morgen, dass sie ihres Vaters Haus verlassen hatten. Sie fingen wieder an zu gehen, aber sie gerieten immer tiefer in den Wald, und wenn nicht bald Hilfe kam, mussten sie verschmachten. Als es Mittag war, sahen sie ein schönes, schneeweißes Vögelein auf einem Ast sitzen, das sang so schön, dass sie stehen blieben und ihm zuhörten. Und als es fertig war, schwang es seine Flügel und flog vor ihnen her, und sie gingen ihm nach, bis sie zu einem Häuschen gelangten, auf dessen Dach es sich setzte …

Sie verirren sich nun im Wald, suchen ihren Weg in der Welt.

Hat das schneeweiße Vöglein irgendetwas zu bedeuten?

Das ist der Seelenvogel, der Schutzengel. Er führt sie auf dem Weg. Später ist es die weiße Ente, die sie über das Wasser trägt.

… und als sie ganz nahe herankamen, so sahen sie, dass das Häuslein aus Brot gebaut war und mit Kuchen gedeckt; aber die Fenster waren von hellem Zucker. „Da wollen wir uns dranmachen", sprach Hänsel, „und eine gesegnete Mahlzeit halten. Ich will ein Stück vom Dach essen, Gretel, du kannst vom Fenster essen, das schmeckt süß." Hänsel reichte in die Höhe und brach sich ein wenig vom Dach ab, um zu versuchen, wie es schmeckte, und Gretel stellte sich an die Scheiben und knupperte daran.

Die Welt, die Natur ist ja essbar. Alles ist Nahrung, die ganze Welt ist ein Haus, das aus Nahrung besteht.

Da rief eine feine Stimme aus der Stube heraus: „Knupper, knupper, Kneischen, wer knuppert an meinem Häuschen?" Die Kinder antworteten: „Der Wind, der Wind, das himmlische Kind", und aßen weiter, ohne sich irre machen zu lassen.

Hat dieser wohlbekannte Spruch: „der Wind, der Wind, das himmlische Kind" irgendeine tiefere Bedeutung?

Dem modernen Menschen sagt das nichts, aber der Wind ist ein altes ägyptisches Symbol für Gottheit, Seelenkraft, Neter. [6] Wir (die Menschen) sind wie eine bewegte Fahne. Es ist wichtig, zu erkennen, welche Kraft uns gerade bewegt. Das kann von Moment zu Moment ändern, denn viele Kräfte (viele verschiedene Winde) bewegen uns ja im Laufe des Tages. Wenn Hänsel und Gretel nun antworten: „der Wind, der Wind, das himmlische Kind" so erkennen sie, dass ihre wahre Identität nicht der vergängliche Körper (die Fahne), sondern Seelenkraft (Wind) ist. Sie erkennen, dass sie Kinder des Himmels sind.

Es ist komisch, dass Hänsel und Gretel nicht zuerst fragen, wem dieses Haus, von dem sie sich ernähren, denn gehört. Ist das die Demeter, die Allmutter Natur, die dieses Haus gebaut hat?

Ja, das kann man so sehen. Alles was die große Mutter erzeugt, die ganze Materie (in diesem Wort steckt ja Mater, Mutter) ist essbar. Deshalb war einer ihrer Namen im alten Ägypten Hathor = *Haus des Horus* (oder Hütte, englisch hut des Horus). Nach außen hin ernährt die Mutter, aber – wie schon der Grieche Heraklit sagt: „Die Natur liebt es, sich zu verbergen" – im Inneren des Hauses, also tief verborgen, da ist sie die Hexe, das Feuer, das alle Körper wieder aufzehrt. Der Stoffwechsel-Prozess in allem Leben ist ja ein Verbrennungsprozess.

Ist es nicht selbstverständlich, dass die Kinder von diesem Haus der Natur essen?

Ja sicher, alles ist ja Nahrung für irgend jemanden. „Brahman ist Nahrung für alle Wesen, und alle Wesen sind Nahrung für Brahman", heißt es in den Veden.

Warum fragt denn die Allmutter: „Wer isst von meinem Häuschen?"

Ja, es ist natürlich sehr wichtig, dass der, der davon isst, sich selbst erkennt und weiß, wer er *ist*: Siehst du dich als eine göttliche Kraft, ein Kind, das vom Himmel kommt, oder siehst du dich als eine Eintagsfliege, die bald wieder zu Staub zerfällt? Durch die Stimme im ‚Innern' des Hauses werden Hänsel und Gretel aufgefordert, sich an das unvergängliche Kind in ihnen, das psychische Wesen zu erinnern.

Hänsel, dem das Dach sehr gut schmeckte, riss sich ein großes Stück davon herunter, und Gretel stieß eine ganze runde Fensterscheibe heraus, setzte sich nieder und tat sich wohl damit. Da ging auf einmal die Türe auf, und eine steinalte Frau, die sich auf eine Krücke stützte, kam herausgeschlichen.

Die Natur, die Frau, ist ‚steinalt‘, so alt wie die Steine.

Hänsel und Gretel erschraken so gewaltig, dass sie fallen ließen, was sie in den Händen hielten.

Warum ist denn der Kontakt mit dem Wesen der Natur so erschreckend? Es ist doch ganz normal, dass sie sich vom Haus der Natur ernähren. Es wird ihnen doch nichts Unrechtes bewusst?

Die Natur baut auf, wird Nahrung, die uns lockt und anzieht, von der wir gerne essen – aber sie isst uns auch wieder auf. Die Natur kann sich in voller Schönheit und Süße zeigen, sie kann aber auch in ihrer ganzen Schrecklichkeit erscheinen – als Vulkan, Flut, Erdbeben, Überschwemmung, Krankheit. Sie ist wunderbar, wenn sie alles neu gebärt und lebendig macht, doch wenn sie alles wieder zerstört, wenn sie ‚Mortura‘ wird, ist das für viele Menschen schwer akzeptierbar. Sie baut gelbe Rüben und rote Äpfel, aber auch Viren und Cholerabazillen. Die Natur birgt also auch den Tod in sich. Die Königin im alten Ägypten trägt eine Geierhaube [7], die sie an diesen polaren Aspekt der Allmutter Natur erinnert; das Geierweibchen brütet seine Kinder aus, aber es frisst auch wieder Körper auf. Dass dieses Symbol als Krone gewählt wurde, erscheint uns genau so merkwürdig, wie die Schlange auf der Stirn des Pharaos, die bei uns nur noch als böse gilt.

Die Alte aber wackelte mit dem Kopfe und sprach: „Ei, ihr lieben Kinder, wer hat euch hierher gebracht? Kommt nur herein und bleibt bei mir, es geschieht euch kein Leid." Sie fasste beide an der Hand und führte sie in ihr Häuschen. Da ward ein gutes Essen aufgetragen, Milch und Pfannkuchen mit Zucker, Äpfel und Nüsse. Hernach wurden zwei schöne Bettlein weiß gedeckt, und Hänsel und Gretel legten sich hinein und meinten, sie wären im Himmel.

In diesem himmlisch süßen Zustand können sie nicht immer bleiben. „Die Seele ist sehr schwer zu finden, denn sie bleibt nicht immer in derselben Beschaffenheit oder Gestalt oder in einem Zustand", heißt es schon im apokryphen Ägypterevangelium.

> Die Alte hatte sich nur freundlich angestellt, sie war aber eine böse Hexe, die den Kindern auflauerte, und hatte das Brothäuslein bloß gebaut, um sie herbeizulocken.

In Wirklichkeit ist die Hexe nicht böse, sondern sie ist ein Aspekt der großen Mutter, die will, dass wir uns transformieren, dass wir innere Fortschritte machen. Wie wir schon im Märchen von der *Frau Trude* gesehen haben, ist die Hexe die Kraft der Aspiration. Im alten Ägypten ist es Heka oder Heket (später in Griechenland Hekate), die die Dinge verwandelt. [8]

> Wenn eins in ihre Gewalt kam, so machte sie es tot, kochte es und aß es, und das war ihr ein Festtag.

Sie frisst also ihre Kinder wieder, und das ist ihr jedes Mal ein Festtag. Das heißt, der Tod ist im Grunde ein Festtag. Das passt ganz zu Ägypten, zur alten Steinzeit.

> Die Hexen haben rote Augen und können nicht weit sehen, aber sie haben eine feine Witterung wie die Tiere und merken's, wenn Menschen herankommen.

Das hat wohl einer so als Ausschmückung hinzugefügt!

> Als Hänsel und Gretel in ihre Nähe kamen, da lachte sie boshaft und sprach höhnisch: „Die habe ich, die sollen mir nicht wieder entwischen!" Früh morgens, ehe die Kinder erwacht waren, stand sie schon auf, und als sie beide so lieblich ruhen sah, mit den vollen roten Backen, so murmelte sie vor sich hin: „Das wird ein guter Bissen werden." Da packte sie Hänsel mit ihrer dürren Hand und trug ihn in einen kleinen Stall und sperrte ihn mit

einer Gittertüre ein. Er mochte schrein, wie er wollte, es half ihm nichts. Dann ging sie zur Gretel, rüttelte sie wach und rief: „Steh auf, Faulenzerin, trag Wasser und koch deinem Bruder etwas Gutes, der sitzt draußen im Stall und soll fett werden. Wenn er fett ist, so will ich ihn essen." Gretel fing an bitterlich zu weinen; aber es war alles vergeblich, sie musste tun, was die böse Hexe verlangte.

Nun ward dem armen Hänsel das beste Essen gekocht, aber Gretel bekam nichts als Krebsschalen. Jeden Morgen schlich die Alte zu dem Ställchen und rief: „Hänsel, streck deine Finger heraus, damit ich fühle, ob du bald fett bist." Hänsel streckte ihr aber ein Knöchlein heraus, und die Alte, die trübe Augen hatte, konnte es nicht sehen und meinte, es wären Hänsels Finger, und verwunderte sich, dass er gar nicht fett werden wollte. Als vier Wochen herum waren und Hänsel immer mager blieb, da überkam sie die Ungeduld, und sie wollte nicht länger warten. „Heda, Gretel", rief sie dem Mädchen zu, „sei flink und trag Wasser! Hänsel mag fett oder mager sein, morgen will ich ihn schlachten und kochen." Ach, wie jammerte das arme Schwesterchen, als es das Wasser tragen musste, und wie flossen ihm die Tränen über die Backen herunter! „Lieber Gott, hilf uns doch", rief sie aus, „hätten uns nur die wilden Tiere im Wald gefressen, so wären wir doch zusammen gestorben!" „Spar nur dein Geplärre", sagte die Alte, „es hilft dir alles nichts."

Früh morgens musste Gretel heraus, den Kessel mit Wasser aufhängen und Feuer anzünden.

Das Feuer erscheint zunächst als Bedrohung, doch in Wirklichkeit ist es das Seelenfeuer, dem das Mädchen jetzt dient, das Feuer, das die innere Umwandlung bewirkt. Im Thomasevangelium (Logion 10) gibt es dazu eine schöne Aussage von Jesus: „Ich habe Feuer auf die Welt geworfen, und siehe, ich hüte es, bis die Welt brennt." Damit ist der lange Umwandlungsprozess in uns allen gemeint.

„Erst wollen wir backen", sagte die Alte, „ich habe den Backofen schon eingeheizt und den Teig geknetet."

Was hier geschildert wird, ist der Transformationsprozess, der nun in vollem Gange ist. Der Teig, der Backofen, die Brote, das sind uralte Symbole, die schon im Gilgamesh-Epos vorkommen.

Sie stieß das arme Gretel hinaus zu dem Backofen, aus dem die Feuerflammen schon herausschlugen. „Kriech hinein", sagte die Hexe, „und sieh zu, ob recht eingeheizt ist, damit wir das Brot hineinschieben können." Und wenn Gretel darin war, wollte sie den Ofen zumachen und Gretel sollte darin braten, und dann wollte sie's aufessen. Aber Gretel merkte, was sie im Sinn hatte, und sprach: „Ich weiß nicht, wie ich's machen soll; wie komm ich da hinein?" „Dumme Gans", sagte die Alte, „die Öffnung ist groß genug, siehst du wohl, ich könnte selbst hinein", krabbelte heran und steckte den Kopf in den Backofen. Da gab ihr Gretel einen Stoß, dass sie weit hineinfuhr, machte die eiserne Tür zu und schob den Riegel vor.

Man könnte Hänsel und Gretel als nur ein Wesen sehen; die weibliche und männliche Seite in uns. Am Anfang übernimmt die männliche Seite die Führung und sagt: mach dir keine Sorgen, ich werde den Weg finden. Später wird die weibliche Seite aktiv und bringt die Befreiung.

Hu! Da fing sie an zu heulen, ganz grauselich; aber Gretel lief fort, und die gottlose Hexe musste elendiglich verbrennen.

Wie soll man nun verstehen, dass nicht die Kinder, sondern die Hexe verbrannt wird, eigentlich müssten doch die Kinder verwandelt werden?

Die Hexe ist das Feuer und der Backofen. Heraklit sagt: „Das ganze Weltall ist pyr zoon, lebendes Feuer."

Die einzelnen Elemente kann ich ja verstehen, aber im Zusammenhang sehe ich die Bedeutung noch nicht. Was macht denn jetzt Gretel mit der Hexe?

Dass das immer eine vernünftige Geschichte wird, ist wahrscheinlich nicht möglich. Es soll ja gerade verwirrend sein, denn die darin enthaltene

Gnosis musste ja versteckt werden, sonst hätte die Geschichte im Zeitalter der großen Religionen und der Inquisition nicht weiterleben können. Wir können es so sehen: Indem wir die Hexe als transformierende Kraft in uns selbst erkennen, löst sich ihre schreckliche Seite auf. Gretel wirft das, was ihr gefährlich erscheint und Furcht einflößt, dahin, wo es hingehört; ins Feuer. Wenn uns etwas bewusst wird, verliert es seine Macht über uns. Wenn das pyr zoon erkannt wird, kann es nicht mehr schaden, Gretel kann die Backofentür zumachen. Sie und Hänsel sind jetzt befreit. Ein innerer Verwandlungsprozess hat stattgefunden.

> Gretel aber lief schnurstracks zum Hänsel, öffnete sein Ställchen und rief: „Hänsel, wir sind erlöst, die alte Hexe ist tot."

Der Ausdruck „wir sind erlöst" deutet darauf hin, dass hier eine ‚religiöse' Erlösung verkündet wird.

> Da sprang Hänsel heraus wie ein Vogel aus dem Käfig, wenn ihm die Türe aufgemacht wird.

Die Seele wird ja in den Märchen immer wieder als Vogel bezeichnet. Hänsel ist befreit vom inneren Käfig, in dem er gefangen war.

> Wie haben sie sich gefreut, sind sich um den Hals gefallen, sind herumgesprungen und haben sich geküsst! Und weil sie sich nicht mehr zu fürchten brauchten …

Die Furcht haben sie auch besiegt.

> … so gingen sie in das Haus der Hexe hinein. Da standen in allen Ecken Kasten mit Perlen und Edelsteinen.

Jetzt, nachdem der Transformationsprozess beendet ist, finden sie überall Schätze, Perlen und Edelsteine. Dasselbe Leben, das sie eben noch mit dem Tod bedrohte, das ihnen unheimlich, gefährlich und grausam erschien, hat sich jetzt verwandelt. Im gleichen Haus, in dem sie zuerst gefangen waren, finden sie jetzt Kostbares, Schönes, Leuchtendes.

„Die sind noch besser als Kieselsteine", sagte Hänsel und steckte in seine Taschen, was hinein wollte. Und Gretel sagte: „Ich will auch etwas mit nach Haus bringen", und füllte sein Schürzchen voll. „Aber jetzt wollen wir fort", sagte Hänsel, „damit wir aus dem Hexenwald herauskommen." Als sie aber ein paar Stunden gegangen waren, gelangten sie an ein großes Wasser. „Wir können nicht hinüber", sprach Hänsel, „ich seh keinen Steg und keine Brücke." „Hier fährt auch kein Schiffchen", antwortete Gretel, „aber da schwimmt eine weiße Ente, wenn ich die bitte, so hilft sie uns hinüber." Da rief sie:

„Entchen, Entchen, da steht Gretel und Hänsel.
Kein Steg und keine Brücke,
nimm uns auf deinen weißen Rücken."

Das Entchen kam auch heran, und Hänsel setzte sich auf und bat sein Schwesterchen, sich zu ihm zu setzen. „Nein", antwortete Gretel, „es wird dem Entchen zu schwer, es soll uns nacheinander hinüberbringen." Das tat das gute Tierchen …

Zuerst mussten Hänsel und Gretel ausziehen aus dem Haus der Eltern, mussten den Wald (die Welt) und das transformierende Feuer kennenlernen. Jetzt kommen sie an ein großes Wasser, ein Symbol für das ‚Wellenreich': den Schlaf, den Tod. Auf dem Rücken eines weißen Entchens durchqueren sie es. Dieses Bild zeigt uns, wie man durch die Stadien des Todes, des Schlafs hindurchzugehen hat. [9]

… und als sie glücklich drüben waren und ein Weilchen fortgingen, da kam ihnen der Wald immer bekannter und immer bekannter vor, und endlich erblickten sie von weitem ihres Vaters Haus.

Weist dieses Bild auf die Wiedergeburt, das neue Leben hin?

So kann man es sehen. Es kann aber auch zeigen, dass man nach dem

Bewusstwerdungsprozess Gleiches wieder erlebt, es aber ganz anders wahrnimmt.

> Da fingen sie an zu laufen, stürzten in die Stube hinein und fielen ihrem Vater um den Hals. Der Mann hatte keine frohe Stunde gehabt, seitdem er die Kinder im Walde gelassen hatte, die Frau aber war gestorben.

Nun braucht es die Stiefmutter nicht mehr, sie ist ‚gestorben‘.

> Gretel schüttelte sein Schürzchen aus, dass die Perlen und Edelsteine in der Stube herumsprangen, und Hänsel warf eine Handvoll nach der andern aus seiner Tasche dazu. Da hatten alle Sorgen ein Ende, und sie lebten in lauter Freude zusammen.

Perlen und Edelsteine sind Symbole der Freude, der Seligkeit.

Am Anfang scheint das Haus der Natur von einer bösen Hexe, einer Zauberin, beherrscht zu werden, von der man geschoben, gestoßen und gefangen gehalten wird. Nach dem Transformationsprozess aber findet man im gleichen Haus (unserem Haus des Bewusstseins) überall Schätze, Freude und Seligkeit.

Wenn man die Symbole im Märchen *Hänsel und Gretel* wieder richtig versteht, entdeckt man eine Lehrgeschichte, eine ‚frohe‘ Botschaft – so wie sie von allen großen Lehrern der Menschheit verkündet wird.

Dass uns diese Geschichte wahrscheinlich nicht mehr in ihrer ursprünglichen Version vorliegt, darf uns nach so langer Überlieferungszeit nicht wundern. Wahrscheinlich waren früher alle Lehrbotschaften ganz kurz, so wie die von *Frau Trude*, oder so wie das *Evangelium der Eva* [10], das nur eine halbe Seite lang ist. Da hat kaum einer etwas beigefügt und reingeschrieben, während die anderen Geschichten im Laufe der Zeit ausgestaltet und umgestaltet wurden, entweder weil man ihre Lehrbotschaft nicht mehr verstanden hat, oder weil man diese noch besser verstecken wollte, um sie zu schützen. [11]

Anmerkungen

[1] **Bedeutung des Namens**

Der Name in Märchen kann uns Aufschluss geben über die tiefere Bedeutung, die seelische Funktion, die mit einer bestimmten Figur dargestellt wird. (Jene ist ja nicht dinglich, sondern als eine psychologische Kraft zu sehen.) Insofern ist der Name nicht so sehr als Nomen, sondern vielmehr als Verb aufzufassen. Im Märchen *Rumpelstilzchen* muss die Königsfrau den Namen des Männleins kennen, damit sie ihr Kind behalten kann. Sie muss sich also seiner Funktion *bewusst* werden. (Den Namen nennen können, ist gleichbedeutend mit Bewusstwerdung der Wirkungsweise einer seelischen Kraft in uns.)

Auch in den griechischen Mythen kann man an den Namen die damit gemeinte seelische Funktion, die eine Figur symbolisiert, erkennen. Pandora z.B. heißt: „die, die alles gibt" oder „die Allesgebende". Pandora stellte also ursprünglich eine wunderbare, mütterlich-göttliche Kraft dar. Später, in patriarchalischer Zeit, wurde der Inhalt vieler Mythen umgedreht, die weiblichen Figuren negativ dargestellt, die männlichen verherrlicht.

[2] **Le Petit Poucet**

Unter den französischen Märchen, die Charles Perrault in Frankreich gesammelt und aufgeschrieben hat, gibt es keines mit dem Titel ‚Hänsel und Gretel‘, jedoch enthält das Märchen ‚Le Petit Poucet‘ (Der kleine Däumling) ähnliche Motive. Medhananda interpretiert diese auch in *Die Königliche Elle*, S. 10.

[3] **Hieroglyphen**

Die Griechen, welche Ägypten um 300 v. Chr. unter Alexander dem Großen besetzten, nannten die ägyptischen Zeichen Hieroglyphen (hieros = heilig, glyph = eingeritztes Zeichen). Die Ägypter selbst nannten sie Medu Neter, und dieser Ausdruck wurde mit einem Stab und einer Fahne darge- stellt: Der Stab symbolisiert die Einheit des Seins (er verbindet unten mit oben, Erde mit Himmel). Er gibt uns Stütze, an ihm können wir uns halten wie an einem Spazierstock – auf dem Weg durch die ‚Welt‘. Die Fahne, welche im Wind weht, bedeutet Energie, eine göttliche Kraft, eine vibrierende Realität, Seelen- kraft. So wie es verschiedene Winde (Nord-, Südwind etc.) gibt, so gibt es

71

auch verschiedene Energien, verschiedene göttliche Kräfte, die uns und das Weltall bewegen. Die Ägypter haben sie an ihren Tempelwänden und in den Gräbern darzustellen versucht. In einer späteren Zeit wurden die Medu Neter, die einst ‚göttlichen, heiligen Stäbe‘, die uns den Weg zeigten, zu bedeutungslosen ‚Buch-staben‘!

Als ein Symbol in unserer Zeit treffen wir heute noch den ‚Sternen-Stab‘, den die Sternsinger in der Adventszeit beim Singen in dunklen Straßen in die Höhe halten. Im alten Ägypten trägt der Neter Seschat (siehe Medhananda, *Die Königliche Elle*, S. 66) solch einen Sternenstab auf ihrem Kopf: Der Stern weist darauf hin, dass jeder ‚Stab‘ nebst der gewöhnlichen, dinglichen, vordergründigen Bedeutung noch eine geheimnisvolle, psychologische, ‚vibratorische‘ Botschaft in sich birgt, welche die Innenwelt mit ‚Sternenglanz‘ erfüllen kann. Wenn wir die innewohnenden Kräfte eines Dings, eines Körpers, des eigenen Wesens erkennen, verwandelt sich unsere Wirklichkeit.

In den Märchen kommt der Stab auch als magischer Stab, als Zauberstab vor.

4 Steinzeit
Medhananda zählt in einem weiteren Sinne auch Ägypten zur Steinzeit und sieht den Pyramidenbau als Kulmination dieser langen Epoche.

5 Brotkrumen
Hinter der dinglichen Bedeutung einer Hieroglyphe verbirgt sich oft auch noch eine tiefere, symbolische Aussage (vergleiche dazu auch Anmerkung 3). Nebst ‚Brot‘ bedeutet diese Hieroglyphe – so Medhananda – auch ‚Gehirn‘, das Mentale, mit all seinen gedachten Worten, die wie Brotkrumen schnell vergänglich sind. Siehe auch Anmerkung 11.

6 Wind, himmlisches Kind, Neter
Siehe auch die Interpretation von Neter in *Die weiße Schlange* (Band I) und Medhananda, *Der Weg des Horus*, S. 43.

7 Geierhaube
Der Pharao hat Geier und Schlange auf der Stirn, die ägyptische Königin trägt die Geierhaube. Darin werden ägyptische Machtzeichen gesehen, denn

der Geier (Nechbet) war das Wappentier Oberägyptens, die Schlange (Uto) dasjenige Unterägyptens. Medhananda sieht hinter dieser vordergründigen ägyptologischen Interpretation noch eine tiefere Symbolik.

Siehe auch Medhananda, *Der Weg des Horus*, Schlange S. 73 und Geierhaube S. 150.

[8] Hexe, ägyptisch Heka, Heket

ist das Prinzip der evolutiven Verwandlungskraft in allem Leben, das, was die Griechen Pyr zoon (das lebende Feuer) nannten. Im alten Ägypten wurde Heka, diese wichtige Verwandlungskraft, im Symbol für Aspiration dargestellt: *HE* oder *HU* = ein spiralförmiger Docht, der das Öl, das Brennmaterial für die Lampen in die Höhe zieht, und *KA* = zwei in die Höhe gehaltene Hände. Siehe dazu Medhanandas Interpretationen zur Hexe in *Frau Trude*, Band I.

[9] Die Wasser überqueren

Hier im Märchen überqueren Hänsel und Gretel die Wasser auf dem Rücken des Seelenvogels, im alten Ägypten überquert RE (Symbol für Bewusstsein, Selbstgewahrsein) auf einem Schiff die Wasser, das Wellenreich, die Stadien des Todes (oder des Schlafs). Im Märchen *Die goldene Gans* muss der Jüngling das ‚Fahrzeug, das zu Land und Wasser fährt‘, herbeibringen, auch im Märchen *Der Teufel mit den drei goldenen Haaren* muss der Jüngling ein Wasser überqueren, er findet dazu einen Fährmann mit einem Boot. (Siehe dazu Medhanandas Interpretationen in Band I.) Das Motiv des Wasser-Überquerens finden wir auch schon im Gilgamesh-Mythos.

[10] Das Evangelium der Eva

ist durch den Kirchenvater Epiphanus überliefert worden. Siehe Edgar Hennecke, *Neutestamentliche Apokryphen*. Medhananda interpretiert es in *Archetypen der Befreiung*, Kapitel „Das Evangelium der Nephtys" S. 127, und er erwähnt es auch im Zusammenhang mit dem Einsammeln der vielen Hirsekörner im Märchen *Die weiße Schlange* (Band I).

[11] An anderer Stelle

äußerte Medhananda einmal, dass *Hänsel und Gretel* in einem weiteren Sinne als Bewusstwerdungsweg der Menschheit gesehen werden kann. Der Weg zum göttlichen Ursprung, zur großen Mutter, gelingt im magisch-mythischen Zeitalter (im Mondlicht) mit Symbolen (Kieselsteinen). Danach, im mental-rationalen Bewusstsein wird der Weg nicht mehr gefunden, die Brotkrumen (flüchtige, ihre Bedeutung verlierende Worte, Gedankenkonstruktionen statt der Symbole) werden von den Vögeln, den großen Energien und Idealen, gefressen. Ein langer Weg der Transformation muss gegangen werden, doch schließlich wird das Haus der Hexe (der Platz der Umwandlung) im neuen, integralen Bewusstsein zum Haus der Fülle mit vielen Schätzen. Und der Mensch – um vieles bereichert – findet auf neue Weise ‚nach Hause‘, zu seiner Bestimmung, zu seinem Ursprung, zur Ganzheit des Seins.

Schneewittchen und die sieben Zwerge

Die großen Wahrheiten sind Energien, die direkt von hohen Bewusstseinsebenen, von hohen Wahrheitsebenen kommen, sagt Sri Aurobindo. Eine
Wahrheit ist eine Kraft, die sich verwirklichen will. Eine Blume ist so
eine verwirklichte Kraft, sie ist eine Wahrheit. Ein Vogel ist so eine
verwirklichte Kraft, er ist eine Wahrheit. Der Mensch aber spürt, dass er
erst einen kleinen Teil seiner innewohnenden Wahrheit zu verwirklichen
vermag. Wenn wir zum Beispiel die Nachrichten der Medien hören,
empfinden wir, dass vieles noch ‚un-menschlich‘ ist, und der ‚wahre‘
Mensch noch gar nicht da ist. Wir sind erst auf dem Weg, ihn zu werden.

Wie können wir dieses ‚Wahr-werden‘ in uns intensivieren?

Durch unsere Sehnsucht, unsere Aspiration. Sri Aurobindo sagt: „Die
Aspiration ist die größte Kraft im Universum." Sie hilft uns, unsere
Wahrheit, unsere Bestimmung durch die Jahrtausende, durch die Jahr-
millionen hindurch zu realisieren.

Die Märchen erzählen immer wieder von der Sehnsucht nach dieser Wahrheit – und den Entwicklungsprozessen auf dem Weg dahin, auch von den
Hindernissen und den Schwierigkeiten, sie zu manifestieren, sie in allen
Lebensumständen und mit allen Schichten unseres vielfältigen Wesens
auszudrücken – und davon erzählt auch das Märchen ‚Schneewittchen‘ [1].

> Es war einmal mitten im Winter, und die Schneeflocken fielen wie Federn
> vom Himmel herab, da saß eine Königin an einem Fenster, das einen
> Rahmen von schwarzem Ebenholz hatte, und nähte. Und wie sie so nähte
> und nach dem Schnee aufblickte, stach sie sich mit der Nadel in den Finger,
> und es fielen drei Tropfen Blut in den Schnee. Und weil das Rote im weißen
> Schnee so schön aussah, dachte sie bei sich: „Hätte ich ein Kind so weiß
> wie Schnee, so rot wie Blut, und so schwarz wie das Holz an dem Rahmen."

Bald darauf bekam sie ein Töchterlein, das war so weiß wie Schnee, so rot wie Blut, und so schwarzhaarig wie Ebenholz, und ward darum Schneewittchen genannt.

Die Königin und das Kind sind Symbole. Wer ist denn die wahre Königin in uns? Es ist die Seele. Ein Wunsch, eine Sehnsucht in uns, die von der Seele her kommt, bezieht sich nicht auf etwas Dingliches, sondern auf unser Sein, auf unser Bewusstsein, auf unsere innerste Wahrheit. [vgl. 1]

Die Königin näht am Fenster. Nähen und Weben sind Tätigkeiten, die etwas verbinden. Der Teppich des Schicksals wird von unserer Seele gewebt, und der Faden zieht sich durch viele Leben hindurch.

Draußen fällt Schnee. Goethe sagt einmal: „Des Menschen Seele gleicht dem Wasser. Vom Himmel kommt es, zum Himmel steigt es, und wieder nieder zur Erde muss es, ewig wechselnd." Schnee ist auch Wasser, aber in kristallisierter Form. Unsere Seele ist also vielleicht nicht nur etwas ‚Flüssiges‘, etwas, das fließt, vibriert, keine Formen hat, sondern auch etwas, das sich wie Schnee kristallisieren kann. *Schneewittchen* heißt das Märchen: ‚witt‘ bedeutet nicht etwa nur die Farbe weiß, sondern ‚witt‘ ist das Wissen. (Das englische wit oder witness [Geist, Verstand, Witz, Zeuge] deutet das noch an). So wie Schneeflocken sich kristallisieren, so gibt es auch ein Wissen, das sich in der Seele kristallisiert. Der Schneekristall ist ein wunderschönes Bild: Es gibt in all den Schneestürmen auf der Erde nicht zwei Schneekristalle, die gleich sind. So muss sich jede Seele aus ihrem Seelenstoff sozusagen ihren eigenen Kristall bilden. Diese Kristall-Weisheit ist nicht das Wissen, das wir als Information bezeichnen, das wir aus der Schule oder aus Büchern haben, sondern das, was die Seele aus einem Leben in das andere mitnehmen kann, ein geheimes Wissen, ein reines Wissen, ein Schneewissen.

In Japan ist der glitzernde Schnee ein Symbol für die Erleuchtung. Stellen wir uns eine Landschaft vor, die am Abend grau, düster, nass und öde erscheint, und am Morgen beim Aufwachen leuchtet sie plötzlich in strahlendem Weiß: Welch ein Erlebnis für jemand, der noch nie Schnee gesehen hat. Doch Schnee kann auch schnell wieder schmelzen, das Erlebnis plötzlich wieder weg sein. So ein Schneekristall ist etwas sehr Zartes. Wenn man ihn unter das Mikroskop legt, schmilzt er weg.

Dass dieses Schneewissen schwierig zu erlangen und noch schwieriger dauerhaft in sich zu verwirklichen ist, geht aus dem Symbol hervor; der Schnee ist dem Leben gegenüber etwas eher Fremdes, Feindliches. Diesen Kontrast erfährt die Königin, als sie sich in den Finger sticht und drei Tropfen Blut in den Schnee fallen. Können das Rot – das Blut, das Leben – und das Weiß – die Kristall-Weisheit – irgendwie zusammen-kommen? Die Königin wünscht sich das. Sie wünscht ein Kind so weiß wie Schnee, so rot wie Blut.

Was symbolisiert das Kind?

Es kann ihre eigene Wiedergeburt damit gemeint sein oder auch eine neue Realisation im Bewusstsein, etwas, das noch nicht da war, und nun geboren werden will. Darauf ist der Wunsch, die Aspiration der Königin ausgerichtet. Sie sehnt sich nach einem Sein: weiß und rein, voll Licht und Erleuchtung, aber auch rot wie das feurige Leben, voller Intensität, Kraft und Begeisterung. Und sie wünscht sich auch, dass das Kind so schwarz sei wie Ebenholz, so schwarz wie die Nacht. Sie weiß, dass zum Sein auch die große Dimension dessen, was man das Nichtwissen oder das Unbewusste nennt, mit dazu gehört, dass aber die Einsicht (wie bei Sokrates): „Ich weiß, dass ich nichts weiß", bereits etwas an diesem Unbewussten verändert. Wie sagt doch Laotse: „Kennen seine Weiße, wahren seine Schwärze, so wird man zum Strombett der Welt." Wahren ist ein schöner Ausdruck. Wahren verändert, macht wahr.

Wenn wir in den Nachthimmel blicken, sehen wir unzählige Sterne. Aber diese Sterne können nur leuchten, weil zwischen ihnen ungeheure Entfer-nungen, riesige schwarze Räume sind. Stellt euch vor, der Himmel wäre voller Sternchen, eines neben dem andern, so wie die Weihnachtsbeleuch-tung in den Warenhäusern, da würde doch etwas fehlen. Die Schönheit des Sternenhimmels liegt in diesen riesigen, schwarzen Zwischenräumen voller geheimnisvoller Dunkelheit.

Und psychologisch gesehen ist der Mensch gleich aufgebaut. Dieselben Grundstrukturen, welche die Astronomen in den Galaxien und Sternen entdecken, und welche die Atomphysiker in den Atomen finden, erkennen die Psychologen in der Seele. In uns leuchten Sterne, aber da ist auch Dunkelheit.

Die Quantenmechaniker sagen uns, dass in dem Augenblick, wo ein Raum vollkommen leer ist, er ganz mit Energie gefüllt ist, mit elektromagnetischen Schwingungen. Weil wir in den großen leeren Räumen der Nacht nichts sehen, meinen wir, da sei nichts, und vergessen, dass alle großen Wahrheiten von paradoxaler Art sind: In der Leere ist die Fülle! Und dasselbe kann man in der Meditation entdecken; zuerst muss man leer werden, leer von Gedanken, Gefühlen, Emotionen, vitalen Regungen – ganz leer werden. Und das fällt vielen Menschen enorm schwer, denn es braucht Geduld und ein Loslassen von vielen Impulsen in uns. Man erwartet, dass, sobald die Augen geschlossen sind, ein Feuerwerk der Erleuchtung losgehe. Aber das ist nicht so.

Unsere Vorfahren feierten ihre Feste jeweils in der Nacht: Heilige Nacht, stille Nacht. Heute wissen wir kaum noch, was eine stille Nacht ist, denn überall ist Neonbeleuchtung, Lärmberieselung. Und doch singen wir an Weihnachten: „Stille Nacht, heilige Nacht, alles schläft, einsam wacht". Nur in der Nacht können wir den Teil in uns entdecken, der wacht, der wach bleibt, wenn alle andern Teile in uns schlafen. Der Körper schläft, das Vitale schläft, das Mentale schläft... Was wacht denn, wenn alles schläft?

Die Seele?

Da ist zum Beispiel eine Mutter, die neben ihrem neugeborenen Kind schläft. Wenn seine Atmung sich nur ein wenig ändert, wacht die Mutter auf. Was hat sie geweckt? Ihr Programm als Mutter, die Erinnerung in ihren Zellen, das tiefere Wissen in ihr. Wir können es auch das unter- oder überbewusste Wissen nennen.
Sri Aurobindo sagt uns, dass dieses sogenannte Unter- und Überbewusste

ein größeres, weiteres, tieferes Bewusstsein ist als unser oberflächliches mentales Tages-Bewusstsein. In diesem subliminalen Bewusstsein bewahren wir alles auf, alle Erinnerungen nicht nur an dieses, sondern auch an vergangene Leben. In diesem Schatzhaus liegt also viel Reichtum, nur ist er unserem kleinen Ich verborgen. Im alten Griechenland war das Symbol für das Unterbewusstsein Pluto, er war gleichzeitig auch der Gott des Reichtums. Nicht Gold, Silber und Aktienpapiere sind damit gemeint, sondern innerer, seelischer Reichtum.

Schwarz symbolisiert also ein Bewusstsein, das durch die Nacht und den Traum und den Tod gehen kann und nicht verloren geht, denn sonst müssten wir ja in jedem Leben wieder neu anfangen, unser Wissen zu kristallisieren und unser Schatzhaus mit Reichtum zu füllen, um dann am Ende (beim Weglegen des Körpers) doch alles wieder zu verlieren.

Leider zählt die Nacht in unserer Leistungsgesellschaft nicht mehr, nur der Tag ist wichtig, da kann Wirtschaftswachstum geschehen. Dem allnächtlichen Traumgeschehen hingegen wird kaum Bedeutung zugemessen. Wir leben auf der Veranda unseres Seins, nach außen gerichtet, und haben vergessen, dass die schwarze Nacht die ‚große Mutter' [2] ist, aus der alles kommt, aus der die Sterne, die Sonnen, die Galaxien entstehen. Es ist die Nacht, die den Tag gebiert und nicht umgekehrt. Es ist das Meer der Unendlichkeit, der Vibrationen, aus dem die Dinge kommen. Es ist die Stille und Leere unserer Seele, in der uns ein Licht aufgehen kann.

So wünscht sich also die Königin für ihr Kind sowohl weiß, als auch rot, als auch schwarz.

Man könnte einwenden, dass es doch vielleicht einfacher wäre, sich nur das Weiß oder nur das Rot oder nur das Schwarz zu wünschen, und nicht gleich alle drei so kontrastreichen Farben zusammen?

Wenn wir ins Universum schauen, oder wenn wir das Leben auf unserem Planeten betrachten, oder wenn wir uns selbst beobachten, so sehen wir überall solche Kontraste, solch scheinbare Gegensätze. Und tatsächlich ist es viel schwieriger, Verschiedenheiten in einen Zusammenklang zu bringen, als die eine oder andere ‚Farbe' einfach wegzulassen. Im neuen Bewusstsein (dem Kind) soll nichts abgeschnitten, sondern alle Gegensätze und Kontraste sollen in eine Harmonie gebracht werden.

Hat es etwas Besonderes zu bedeuten, dass im Märchen das Schwarz mit dem Ebenholz verglichen wird?

Das englische Wort für Ebenholz ist ‚ebony', und dieses Wort kommt direkt aus dem alten Ägypten (‚hbny'). Ebenholz spielte damals nicht nur bei der Herstellung und Verzierung kunstvoller Gegenstände eine wichtige Rolle, sondern schwarz, wie auch weiß und rot waren von großer symbolischer Bedeutung. Wahrscheinlich gehen gewisse Motive dieses Märchens auf das alte Ägypten zurück. [3]

> Und wie das Kind geboren war, starb die Königin.

Nun kommt ein Szenenwechsel: An die Stelle der Königin tritt jetzt das Kind. Vielleicht bedeutet es die Wiedergeburt der Königin, oder es zeigt uns, dass ein neues Bewusstsein geboren worden ist, und davon wird jetzt erzählt. (In vielen Märchen und auch im Traum geschieht solch eine Umwandlung der Figur, so z.B. auch im Märchen *Der Eisenhans*: In der Welt der Schwingungen, der Seelenkräfte, kann das eine in das andere übergehen, da gibt es keine festen Grenzen – ähnlich wie bei den Farben oder in der Musik.)

Wenn wir ein kleines Kind beobachten, sehen wir, dass es tatsächlich eine besondere Weisheit in sich haben kann, die nichts zu tun hat mit dem, was der erwachsene Mensch Lebens-Weisheit nennt. Nur kann das kleine Kind sein mitgebrachtes Schneewissen nicht in Worten ausdrücken.

> Über ein Jahr nahm sich der König eine andere Gemahlin. Es war eine schöne Frau, aber sie war stolz und übermütig, und konnte nicht leiden, dass sie an Schönheit von jemand sollte übertroffen werden. Sie hatte einen

wunderbaren Spiegel, wenn sie vor den trat und sich darin beschaute, sprach sie:

„Spieglein, Spieglein an der Wand, wer ist die Schönste im ganzen Land?" so antwortete der Spiegel: „Frau Königin, ihr seid die Schönste im Land." Da war sie zufrieden, denn sie wusste, dass der Spiegel die Wahrheit sagte.

Schneewittchen aber wuchs heran, und wurde immer schöner, und als es sieben Jahr alt war, war es so schön, wie der klare Tag, und schöner als die Königin selbst. Als diese einmal ihren Spiegel fragte:

„Spieglein, Spieglein an der Wand, wer ist die schönste im ganzen Land?"

so antwortete er: „Frau Königin, ihr seid die schönste hier, aber Schneewittchen ist tausendmal schöner als ihr."

Da erschrak die Königin und ward gelb und grün vor Neid. Von Stund an, wenn sie Schneewittchen erblickte, kehrte sich ihr das Herz im Leibe herum, so hasste sie das Mädchen. Und der Neid und Hochmut wuchsen, und wurden so groß in ihr, dass sie Tag und Nacht keine Ruhe mehr hatte. Da rief sie einen Jäger, und sprach: „Bring das Kind hinaus in den Wald, ich will's nicht mehr vor meinen Augen sehen. Dort sollst du's töten und mir Lunge und Leber zum Wahrzeichen mitbringen." Der Jäger gehorchte, und führte es hinaus, und als er den Hirschfänger gezogen hatte und Schneewittchens unschuldiges Herz durchbohren wollte, fing es an zu weinen, und sprach: „Ach, lieber Jäger, lass mir mein Leben; ich will in den wilden Wald laufen, und nimmermehr wieder heim kommen." Und weil es so schön war, hatte der Jäger Mitleiden und sprach: „So lauf hin, du armes Kind." „Die wilden Tiere werden dich bald gefressen haben", dachte er, und doch war's ihm, als wär ein Stein von seinem Herzen gewälzt, weil er es nicht zu töten brauchte. Und als gerade ein junger Frischling daher gesprungen kam, stach er ihn ab, nahm Lunge und Leber heraus, und brachte sie als Wahrzeichen der Königin mit. Der Koch musste sie in Salz kochen, und das boshafte Weib aß sie auf, und meinte, sie hätte Schneewittchens Lunge und Leber gegessen.

Die reine, wunderschöne Schneeweisheit ist nun, kaum geboren, von stiefmütterlichen Kräften umgeben; es können die Gesellschaft, der Staat, die Erziehungssysteme, die Bildungsanstalten gemeint sein, welche die Schneeweisheit bedrohen, ja töten wollen, aber auch (da alles ja in uns ist), die einengenden Bedingungen der Natur – auch der eigenen Ego-Natur mit ihren vital-emotionalen Kräften, welche nun plötzlich vorherrschen und das Wesen zu dominieren versuchen.

Obwohl da ein Spiegel – die innerste Stimme der Wahrheit – von der alles übertreffenden Schönheit der Schneeweisheit spricht, wird jene (Schneewittchen) verdrängt, weggeschickt.

> Nun war das arme Kind in dem großen Wald mutterseelen allein, und ward ihm so angst, dass es alle Blätter an den Bäumen ansah, und nicht wusste, wie es sich helfen sollte. Da fing es an zu laufen und lief über die spitzen Steine und durch die Dornen, und die wilden Tiere sprangen an ihm vorbei, aber sie taten ihm nichts.

Den Wald kennen wir von Hänsel und Gretel und vielen anderen Märchen. Er ist ein Symbol für das Leben, in dem die Seele nun ihren Weg finden muss.

> Es lief, so lange nur die Füße noch fortkonnten, bis es bald Abend werden wollte. Da sah es ein kleines Häuschen und ging hinein, sich zu ruhen. In dem Häuschen war alles klein, aber so zierlich und reinlich, dass es nicht zu sagen ist. Da stand ein weißgedecktes Tischlein mit sieben kleinen Tellern, jedes Tellerlein mit seinem Löffelein, ferner sieben Messerlein und Gäblelein und sieben Becherlein. An der Wand waren sieben Bettlein nebeneinander aufgestellt und schneeweiße Laken darüber gedeckt. Schneewittchen, weil es so hungrig und durstig war, aß von jedem Tellerlein ein wenig Gemüs' und Brot und trank aus jedem Becherlein einen Tropfen Wein; denn es wollte nicht einem alles wegnehmen. Hernach, weil es so müde war, legte es sich in ein Bettchen, aber keins passte; das eine war zu lang, das andere zu kurz, bis endlich das siebente recht war; und darin blieb es liegen, befahl sich Gott und schlief ein.

Als es ganz dunkel geworden war, kamen die Herren von dem Häuslein, das waren die sieben Zwerge, die in den Bergen nach Erz hackten und gruben. Sie zündeten ihre sieben Lichtlein an, und wie es nun hell im Häuslein ward, sahen sie, dass jemand darin gewesen war, denn es stand nicht alles so in der Ordnung, wie sie es verlassen hatten. Der erste sprach: „Wer hat auf meinem Stühlchen gesessen?" Der zweite: „Wer hat von meinem Tellerchen gegessen?" Der dritte: „Wer hat von meinem Brötchen genommen?" Der vierte: „Wer hat von meinem Gemüschen gegessen?" Der fünfte: „Wer hat mit meinem Gäbelchen gestochen?" Der sechste: „Wer hat mit meinem Messerchen geschnitten?" Der siebente: „Wer hat aus meinem Becherlein getrunken?" Dann sah sich der erste um und sah, dass auf seinem Bett eine kleine Delle war, da sprach er: „Wer hat in mein Bettchen getreten?" Die anderen kamen gelaufen und riefen: „In meinem hat auch jemand gelegen!" Der siebente aber, als er in sein Bett sah, erblickte Schneewittchen, das lag darin und schlief. Nun rief er die anderen, die kamen herbeigelaufen und schrien vor Verwunderung, holten ihre sieben Lichtlein und beleuchteten Schneewittchen. „Ei, du mein Gott! Ei, du mein Gott!", riefen sie, „Was ist das Kind so schön!" Und hatten so große Freude, dass sie es nicht aufweckten, sondern im Bettlein fortschlafen ließen. Der siebente Zwerg aber schlief bei seinen Gesellen, bei jedem eine Stunde, da war die Nacht herum. Als es Morgen war, erwachte Schneewittchen, und wie es die sieben Zwerge sah, erschrak es. Sie waren aber freundlich und fragten: „Wie heißt du?" „Ich heiße Schneewittchen", antwortete es. „Wie bist du in unser Haus gekommen?", sprachen weiter die Zwerge. Da erzählte es ihnen, dass seine Stiefmutter es hätte wollen umbringen lassen, der Jäger hätte ihm aber das Leben geschenkt, und da wär' es gelaufen den ganzen Tag, bis es endlich ihr Häuslein gefunden hätte. Die Zwerge sprachen: „Willst du unsern Haushalt versehen, kochen, betten, waschen, nähen und stricken, und willst du alles ordentlich und reinlich halten, so kannst du bei uns bleiben, und es soll dir an nichts fehlen." „Ja", sagte Schneewittchen, „von Herzen gern!" und blieb bei ihnen. Es hielt ihnen das Haus in Ordnung. Morgens gingen sie in die Berge und suchten Erz und Gold, abends kamen sie wieder, und da musste ihr Essen bereit sein.

Schneewittchen lebt nun bei den Zwergen, in einer ‚miniaturisierten' Welt. Da sind die kleinen alltäglichen Verrichtungen, die kleinen

Gewohnheiten, die Routine, die vielen kleinen Pflichten und Regeln. Alles wird organisiert, schön eingeteilt. Und es wird so gemacht, und nicht anders, denn es wurde schon immer so gemacht!

Wenn wir uns beobachten, können wir viele Zwerge auch in uns entdecken. Es sind die Seelenkräfte, die sich in den Einzelheiten verlieren, und die gerne alles klein machen. Wenn wir z.B. in einer Landschaft sitzen, sehen wir nur lauter kleine Details. Und weil wir Dinge benennen können, glauben wir, sie zu kennen: Das ist eine Tanne, das eine Birke, jenes eine Eiche. Doch kennen wir ihr Wesen? Wir hören von einer neuen Idee, und sofort müssen wir sie herabwürdigen. Wir begegnen einem andern Menschen und müssen ihn gleich kritisieren…

Allmählich gewöhnt sich Schneewittchen an dieses Zwergen-Leben, so wie sich Kinder auch an die Schule gewöhnen und allmählich glauben, dass der Schulstoff das ganze ‚Wissen' enthält. Das Alphabet muss jetzt gelernt werden. „Das ist falsch, jenes ist richtig. Weißt du das denn nicht? Bist du aber dumm!" Später, auf der Universität, merkt man, dass da gar kein ‚uni-versales' Wissen (im eigentlichen Sinne des Wortes) gelehrt wird, sondern dass dieses in lauter kleine, voneinander getrennte Sektoren aufgeteilt ist: da ist die Geographie, dort die Geologie, hier die Biologie. Das ursprünglich griechische Wort Biologie heißt: die Kenntnis des Lebens. Doch da ist nur von den einzelnen Lebewesen die Rede, nicht aber vom Leben selbst. Also lieber Psychologie studieren, denn Psychologie, wie das Wort verspricht, heißt Kenntnis der Seele. Doch da wird nur Verhaltens- oder Experimental- oder Individual-Psychologie etc. gelehrt. Also zur Abteilung der Philosophie wechseln, denn das griechische Wort Philosophie heißt: Liebe zur Weisheit. Leider aber wird da nur die Geschichte der Philosophie und nicht die Weisheit selbst gelehrt. So lebt Schneewittchen bei den Zwergen - alleine. [4]

> Den ganzen Tag über war das Mädchen allein; da warnten es die guten Zwerglein und sprachen: „Hüte dich vor deiner Stiefmutter, die wird bald wissen, dass du hier bist; lass ja niemand herein!" Die Königin aber, nachdem sie Schneewittchens Lunge und Leber glaubte gegessen zu haben,

dachte nicht anders, als sie wäre wieder die Erste und Allerschönste, trat vor ihren Spiegel und sprach:

„Spieglein, Spieglein. an der Wand, wer ist die Schönste im ganzen Land?"
Da antwortete der Spiegel: „Frau Königin, Ihr seid die Schönste hier, aber Schneewittchen über den Bergen bei den sieben Zwergen ist noch tausendmal schöner als Ihr."

Da erschrak sie, denn sie wusste, dass der Spiegel keine Unwahrheit sprach, und merkte, dass der Jäger sie betrogen hatte und Schneewittchen noch am Leben war. Und da sann und sann sie aufs Neue, wie sie es umbringen wollte; denn so lange sie nicht die Schönste war im ganzen Land, ließ ihr der Neid keine Ruhe. Und als sie sich endlich etwas ausgedacht hatte, färbte sie sich das Gesicht und kleidete sich wie eine alte Krämerin und war ganz unkenntlich. In dieser Gestalt ging sie über die sieben Berge zu den sieben Zwergen, klopfte an die Türe und rief: „Schöne Ware feil! feil!" Schneewittchen guckte zum Fenster hinaus und rief: „Guten Tag, liebe Frau! Was habt Ihr zu verkaufen?" „Gute Ware", antwortete sie, „Schnürriemen von allen Farben", und holte einen hervor, der aus bunter Seide geflochten war. Die ehrliche Frau kann ich hereinlassen, dachte Schneewittchen, riegelte die Türe auf und kaufte sich den hübschen Schnürriemen. „Kind", sprach die Alte, „wie du aussiehst! Komm, ich will dich einmal ordentlich schnüren." Schneewittchen hatte kein Arg, stellte sich vor sie und ließ sich mit dem neuen Schnürriemen schnüren. Aber die Alte schnürte geschwind und schnürte so fest, dass dem Schneewittchen der Atem verging und es für tot hinfiel. „Nun bist du die Schönste gewesen", sprach sie und eilte hinaus. Nicht lange darauf, zur Abendzeit, kamen die sieben Zwerge nach Haus; aber wie erschraken sie, als sie ihr liebes Schneewittchen auf der Erde liegen sahen, und es regte und bewegte sich nicht, als wäre es tot. Sie hoben es in die Höhe, und weil sie sahen, dass es zu fest geschnürt war, schnitten sie den Schnürriemen entzwei; da fing es an ein wenig zu atmen und ward nach und nach wieder lebendig. Als die Zwerge hörten, was geschehen war, sprachen sie: „Die alte Krämerfrau war niemand als die gottlose Königin. Hüte dich und lass keinen Menschen herein, wenn wir nicht bei dir sind!"
Das böse Weib aber, als es nach Haus gekommen war, ging vor den Spiegel und fragte:

„Spieglein, Spieglein an der Wand, wer ist die Schönste im ganzen Land?"

Da antwortete er wie sonst: „Frau Königin, Ihr seid die Schönste hier, aber Schneewittchen über den Bergen bei den sieben Zwergen ist noch tausendmal schöner als Ihr."

Als sie das hörte, lief ihr alles Blut zum Herzen, so erschrak sie, denn sie sah wohl, dass Schneewittchen wieder lebendig geworden war. „Nun aber", sprach sie, „will ich etwas aussinnen, das dich zugrunde richten soll", und mit Hexenkünsten, die sie verstand, machte sie einen giftigen Kamm. Dann verkleidete sie sich und nahm die Gestalt eines anderen alten Weibes an. So ging sie hin über die sieben Berge zu den sieben Zwergen, klopfte an die Türe und rief: „Gute Ware feil! feil!" Schneewittchen schaute heraus und sprach: „Geht nur weiter, ich darf niemand hereinlassen!" „Das Ansehen wird dir doch erlaubt sein", sprach die Alte, zog den giftigen Kamm heraus und hielt ihn in die Höhe. Da gefiel er dem Kinde so gut, dass es sich betören ließ und die Türe öffnete. Als sie des Kaufs einig waren, sprach die Alte: „Nun will ich dich einmal ordentlich kämmen." Das arme Schneewittchen dachte an nichts, ließ die Alte gewähren, aber kaum hatte sie den Kamm in die Haare gesteckt, als das Gift darin wirkte und das Mädchen ohne Besinnung niederfiel. „Du Ausbund von Schönheit", sprach das boshafte Weib, „jetzt ist's um dich geschehen", und ging fort. Zum Glück aber war es bald Abend, wo die sieben Zwerglein nach Haus kamen. Als sie Schneewittchen wie tot auf der Erde liegen sahen, hatten sie gleich die Stiefmutter in Verdacht, suchten nach und fanden den giftigen Kamm. Und kaum hatten sie ihn herausgezogen, so kam Schneewittchen wieder zu sich und erzählte, was vorgegangen war. Da warnten sie es noch einmal, auf seiner Hut zu sein und niemandem die Türe zu öffnen. Die Königin stellte sich daheim vor den Spiegel und sprach:

„Spieglein, Spieglein an der Wand, wer ist die Schönste im ganzen Land?" Da antwortete er wie vorher: „Frau Königin, Ihr seid die Schönste hier, aber Schneewittchen über den Bergen bei den sieben Zwergen ist noch tausendmal schöner als Ihr."

Als sie den Spiegel so reden hörte, zitterte und bebte sie vor Zorn. „Schneewittchen soll sterben", rief sie, „und wenn es mein eigenes Leben kostet!"

Darauf ging sie in eine ganz verborgene, einsame Kammer, wo niemand hinkam, und machte da einen giftigen Apfel. Äußerlich sah er schön aus, weiß mit roten Backen, dass jeder, der ihn erblickte, Lust danach bekam, aber wer ein Stückchen davon aß, der musste sterben. Als der Apfel fertig war, färbte sie sich das Gesicht und verkleidete sich in eine Bauersfrau, und so ging sie über die sieben Berge zu den sieben Zwergen. Sie klopfte an. Schneewittchen streckte den Kopf zum Fenster heraus und sprach: „Ich darf keinen Menschen einlassen, die sieben Zwerge haben mir's verboten!" „Mir auch recht", antwortete die Bäuerin, „meine Äpfel will ich schon loswerden. Da, einen will ich dir schenken." „Nein", sprach Schneewittchen, „ich darf nichts annehmen!" „Fürchtest du dich vor Gift?", sprach die Alte, „Siehst du, da schneide ich den Apfel in zwei Teile; den roten Backen iss, den weißen will ich essen." Der Apfel war aber so künstlich gemacht, dass der rote Backen allein vergiftet war. Schneewittchen lusterte den schönen Apfel an, und als es sah, dass die Bäuerin davon aß, so konnte es nicht länger widerstehen, streckte die Hand hinaus und nahm die giftige Hälfte. Kaum aber hatte es einen Bissen davon im Mund, so fiel es tot zur Erde nieder. Da betrachtete es die Königin mit grausigen Blicken und lachte überlaut und sprach: „Weiß wie Schnee, rot wie Blut, schwarz wie Ebenholz! Diesmal können dich die Zwerge nicht wieder erwecken." Und als sie daheim den Spiegel befragte:

„Spieglein, Spieglein an der Wand, wer ist die Schönste im ganzen Land?" so antwortete er endlich: „Frau Königin, Ihr seid die Schönste im Land." Da hatte ihr neidisches Herz Ruhe, so gut ein neidisches Herz Ruhe haben kann.

Die Schneeweisheit wird immer wieder bedroht. Das zeigen die Symbole des Schnürriemens, des Kamms und des Apfels.

Die Bedingungen unseres Lebens auf der Erde, die eigene Natur mit ihren inneren Gesetzen, Forderungen, ihrem Begehren, aber auch die Regeln, Vorschriften, Gesetze unserer Gesellschaft engen uns ein wie ein zu enger Gürtel (Schnürriemen), so dass das seelische Leben, die innewohnende Schönheit, die mitgebrachte Weisheit wie zugeschnürt wird, keine ‚Luft' mehr bekommt.

Der Kamm, eigentlich das Instrument, das die Haare – ein Symbol unserer subtilen Antennen zu den höheren Ebenen unseres Seins – pflegen und ordnen hilft, dieser Kamm ist vergiftet. Anstelle der inneren Ordnungsarbeit (des seelischen ‚Kämmens‘, der Meditation) tritt nur die Organisation des äußeren Lebens. Anstatt sich in die größere, kosmische Ordnung zu stellen, herrscht nur emsiges ‚Geschäftigsein‘. Der Kamm ist voller Gift.

Auch der Apfel, den wir zu kosten bekommen, ist vergiftet. Die eine Seite dieser wunderbaren Frucht vom Baum des ewigen Lebens kann uns zwar mit Seligkeit erfüllen, weil sie die Gewissheit der Unsterblichkeit bringt, doch diese Seite wird uns (in unserer Erziehung, in unserer Gesellschaft) meist vorenthalten. Was wir zu kosten bekommen, ist nur die giftige Seite, diejenige, welche uns überall die Begrenztheit, Dinglichkeit und Endlichkeit von allem zeigt. [5]

Und so ist Schneewittchen – das seelische Wissen in uns – schließlich scheintot.

> Die Zwerglein, wie sie abends nach Haus kamen, fanden Schneewittchen auf der Erde liegen, und es ging kein Atem mehr aus seinem Mund, und es war tot. Sie hoben es auf, suchten, ob sie was Giftiges fänden, schnürten es auf, kämmten ihm die Haare, wuschen es mit Wasser und Wein, aber es half alles nichts; das liebe Kind war tot und blieb tot. Sie legten es auf eine Bahre und setzten sich alle siebene daran und beweinten es und weinten drei Tage lang. Da wollten sie es begraben, aber es sah noch so frisch aus wie ein lebender Mensch und hatte noch seine schönen, roten Backen. Sie sprachen: „Das können wir nicht in die schwarze Erde versenken.“, und ließen einen durchsichtigen Sarg von Glas machen, dass man es von allen Seiten sehen konnte, legten es hinein und schrieben mit goldenen Buchstaben seinen Namen darauf und dass es eine Königstochter wäre. Dann setzten sie den Sarg hinaus auf den Berg, und einer von ihnen blieb immer dabei und bewachte ihn. Und die Tiere kamen auch und beweinten Schneewittchen, erst eine Eule, dann ein Rabe, zuletzt ein Täubchen. Nun lag Schneewittchen lange, lange Zeit in dem Sarg und verweste nicht, sondern sah aus, als wenn es schliefe, denn es war noch so weiß wie Schnee, so rot wie Blut und so schwarzhaarig wie Ebenholz.

Die Schneeweisheit kann nicht wirklich sterben, aber sie liegt oft lange in einem gläsernen Sarg. Trotz äußerer Erfolge in Studien, trotz steiler Berufskarriere kann etwas in uns für lange Zeit tot oder scheintot sein.

Es geschah aber, dass ein Königssohn in den Wald geriet und zu dem Zwergenhaus kam, da zu übernachten. Er sah auf dem Berg den Sarg und das schöne Schneewittchen darin und las, was mit goldenen Buchstaben darauf geschrieben war. Da sprach er zu den Zwergen: „Lasst mir den Sarg, ich will euch geben, was ihr dafür haben wollt." Aber die Zwerge antworteten: „Wir geben ihn nicht für alles Gold in der Welt." Da sprach er: „So schenkt mir ihn, denn ich kann nicht leben, ohne Schneewittchen zu sehen, ich will es ehren und hochachten wie mein Liebstes."

Nun kommt eine neue Kraft, ein Königssohn. Er bringt die Wende. Diese neue Energie will die Kristallweisheit ‚ehren' und ‚hochachten', will sie also nicht stiefmütterlich oder zwergenhaft, sondern königlich behandeln – als das Liebste!

Wie er so sprach, empfanden die guten Zwerglein Mitleid mit ihm und gaben ihm den Sarg. Der Königssohn ließ ihn nun von seinen Dienern auf den Schultern forttragen. Da geschah es, dass sie über einen Strauch stolperten, und von dem Schüttern fuhr der giftige Apfelgrütz, den Schneewittchen abgebissen hatte, aus dem Hals. Und nicht lange, so öffnete es die Augen, hob den Deckel vom Sarg in die Höhe und richtete sich auf und war wieder lebendig.

Es braucht oft einen Ruck, einen Stoß, vielleicht einen Schicksalsschlag, damit die Schneeweisheit wieder erwachen kann.

„Ach Gott, wo bin ich?", rief es. Der Königssohn sagte voll Freude: „Du bist bei mir", und erzählte, was sich zugetragen hatte, und sprach: „Ich habe dich lieber als alles auf der Welt; komm mit mir in meines Vaters Schloss, du sollst meine Gemahlin werden."

„Ich habe dich lieber als alles auf der Welt", das ist ein wichtiger Satz! Wenn wir unsere Kristallweisheit mehr lieben als alles andere auf der Welt, kann sie aufblühen, sich entfalten.

> Da war ihm Schneewittchen gut, und ging mit ihm, und ihre Hochzeit ward mit großer Pracht und Herrlichkeit angeordnet.

Und wieder, wie in so vielen anderen Märchen, wird am Schluss die unio mystica gefeiert.

> Zu dem Feste wurde aber auch Schneewittchens gottlose Stiefmutter eingeladen. Wie sie sich nun mit schönen Kleidern angetan hatte, trat sie vor den Spiegel und sprach:

> „Spieglein, Spieglein an der Wand, wer ist die Schönste im ganzen Land?" Der Spiegel antwortete: „Frau Königin, Ihr seid die Schönste hier, aber die junge Königin ist noch tausendmal schöner als ihr."

> Da stieß das böse Weib einen Fluch aus, und ward ihr so angst, so angst, dass sie sich nicht zu lassen wusste. Sie wollte zuerst gar nicht auf die Hochzeit kommen, doch ließ es ihr keine Ruhe, sie musste fort und die junge Königin sehen. Und wie sie hineintrat, erkannte sie Schneewittchen, und vor Angst und Schrecken stand sie da und konnte sich nicht regen. Aber es waren schon eiserne Pantoffel über Kohlenfeuer gestellt und wurden mit Zangen hereingetragen und vor sie hingestellt. Da musste sie in die rotglühenden Schuhe treten und so lange tanzen, bis sie tot zur Erde fiel.

Die stiefmütterlichen Energien tanzen sich selbst zu Tode. Sie verbrennen (verwandeln) sich jetzt selbst, weil sie in der unio mystica keinen Platz mehr haben. Eine Hochzeit (hohe Zeit) kennt Freude, Liebe, Weisheit, Seligkeit – alle niederen Kräfte jedoch verbrennen im glühenden Seelenfeuer.

Anmerkungen

Die Brüder Grimm veröffentlichten das vorliegende Märchen mit dem Titel Sneewittchen (dem mittelhochdeutschen Wort für Schneewittchen)

[1] **Wahrheit, Schneeweisheit**

Für den Europäer heißt Wahrheit, dass das, was man sagt, den Tatsachen entspricht. Doch wenn wir ein bisschen zurückgehen in der Geschichte, werden wir sehen, dass z.B. in der alten indischen Philosophie etwas ganz anderes unter ‚Wahrheit‘ verstanden wurde, dass auch die alten Ägypter, welche ‚Wahrheit‘ mit einer Feder darstellten, etwas anderes damit meinten, oder die alten Griechen, welche die unvergessliche Wahrheit ‚Aletheia‘ nannten. Selbst bei den Scholastikern im Mittelalter hatte der Ausdruck ‚Veritas‘, Wahrheit, eine andere Bedeutung. Die ‚Veritas Divina‘, die göttliche Wahrheit, ist nicht das, was Gott gesagt hat, sondern es ist der Plan Gottes, dem die Offenbarung zu folgen hat. Als Jesus von Pontius Pilatus gefragt wurde „Was ist die Wahrheit", hat er ihm nicht irgendeine Formel gegeben oder gesagt: „Die Schrift ist die Wahrheit", sondern geantwortet: „Ich bin die Wahrheit." Auch wir verkörpern eine Wahrheit, die jetzt hier – in der Evolution der Erde – als Mensch diese Form angenommen hat.

Diese tiefere Ebene der Wahrheit – so Medhananda – müssen wir in uns entdecken, ausdrücken, leben, sein!

Hier im Märchen wird die Wahrheit im Bild von ‚Schneewittchen‘ – der inneren Schneeweisheit, der inneren Gnosis – ausgedrückt. In andern Märchen wird von ihr als Gold (Hans im Glück) oder als Feder (Die goldene Gans, Der goldene Vogel) oder auch als Kind (Rumpelstilzchen) gesprochen.

[2] **die große Mutter, schwarze Madonna**

Seit Jahrtausenden wurden Mutter-Göttinnen auch als *schwarze* Göttinnen verehrt (mit schwarzem Holz oder schwarzer Farbe dargestellt). Im biblischen Hohelied (Hld 1.5) steht der Satz (als eine Aussage der Seele, der ‚Braut Gottes‘): „Ich bin schwarz und schön." Schwarze Madonnen (sie gehen auf den uralten Mutterkult früherer Völker zurück) finden wir im christlichen Raum überall, z.B. im Kloster Einsiedeln (Schweiz) oder in Loreto (Italien) oder in Langenzersdorf (Österreich).

3 weiß, rot, schwarz

In Ägypten waren weiß, rot und schwarz von großer symbolischer Bedeutung. Hier einige Beispiele:

Die Sonnenbarke (ein Symbol für unser wahres Selbst) wird zur Erneuerung des Lebens von einem weißen, roten und schwarzen Anubis (Archetyp Hund, Fuchs oder Schakal) gezogen (siehe Bild in Band 1, S. 142): Der weiße führt uns zur Erleuchtung und Transzendenz, der rote zu einem abenteuerlichen Leben, der schwarze zur Tiefe, zum Traumleben, zur Resonanz mit dem All. (Siehe auch Medhananda, *Archetypen der Befreiung* S. 150.)

Der Pharao trägt sowohl die rote Kriegerkrone als auch die weiße Priesterkrone. Erstere ist Symbol für Unterägypten, letztere für Oberägypten. Die rote Krone symbolisiert das äußere Reich, die weiße das innere seelische Reich. Beide müssen vereint werden.

Die Symbolik der roten Kopfbekleidung treffen wir wieder im Märchen *Rotkäppchen*, das typisch ägyptische Wurzeln hat. Siehe Medhananda, *Das altägyptische Senet-Spiel,* Kapitel „Neith", S. 132.

Ägypten wurde das schwarze Land genannt, denn seine fruchtbare Nilerde, aus der neues Leben entstand, war schwarz. Osiris, der Beherrscher der Unterwelt, wurde oft ‚der Schwarze' genannt, schwarz galt aber auch als Farbe der Wiedergeburt.

Die drei Farben weiß, rot und schwarz spielen heute noch eine bedeutsame Rolle bei den sakralen Gewändern des Klerus; der Papst trägt weiß, der Bischof rot, der Priester schwarz.

Bei den alten Germanen wurden die drei Matronae mit drei Farben dargestellt: weiß die Jungfrau, rot die Frau und Mutter, schwarz die alte Frau.

Es werden damit nicht nur drei Lebensstadien, sondern auch drei große Prinzipien ausgedrückt: weiß steht für spirituelle Empfangsbereitschaft, rot für schöpferische Schaffenskraft (das Wirken in der Welt), schwarz für das Sich-Einsammeln, das Eins-Werden (Monachos werden).

Schon in 25-30 000 Jahren alten Höhlenzeichnungen erscheinen die Farben weiß, rot und schwarz.

Im Matriarchat dürften diese Farben auch im Zusammenhang gestanden haben mit dem religiös-mythisch erlebten menstruellen Zyklus, der mit den Mondphasen übereinstimmte (Vollmond weiß, Neumond schwarz). Siehe dazu Jutta Voss, *Das Schwarzmondtabu. Die kulturelle Bedeutung des weiblichen Zyklus.*

⁴ Die sieben Zwerge

Medhananda erwähnte einmal in einem Gespräch im Zusammenhang mit dem Symbol der sieben Zwerge hinter den sieben Bergen einen Text von Sri Aurobindo aus dem Buch *Das göttliche Leben* (Kap. XV, Wirklichkeit und integrales Wissen), in dem Sri Aurobindo über die *siebenfache* Unwissenheit des Menschen schreibt. Für Interessierte sei dieser Text hier wiedergegeben: „Wir wissen nichts vom Absoluten, das der Ursprung alles Seins und alles Werdens ist. Darum nehmen wir partielle Tatsachen des Seienden und vergängliche Beziehungen des Werdens für die ganze Wahrheit des Seins: Das ist die erste, die ursprüngliche Unwissenheit.

Wir wissen nichts von dem raumlosen, zeitlosen, unbeweglichen und unveränderlichen Selbst. Darum nehmen wir die beständige Beweglichkeit und Veränderlichkeit des kosmischen Werdens in Zeit und Raum für die ganze Wahrheit des Seins: Das ist die zweite, die kosmische Unwissenheit.

Wir wissen nichts von unserem universalen Selbst, vom kosmischen Sein, dem kosmischen Bewusstsein, von unserer unendlichen Einheit mit allem Seienden und Werdenden. Darum nehmen wir unsere begrenzte ich-hafte Mentalität, Vitalität, Körperlichkeit für unser wahres Selbst und betrachten alles andere als das Nicht-Selbst: Das ist die dritte, die ich-hafte Unwissenheit.

Wir wissen nichts von unserem ewigen Werden in der Zeit. Darum nehmen wir dieses kleine Leben in einer kleinen Spanne von Zeit, in einem winzigen Feld von Raum, als unseren Anfang, unsere Mitte und unser Ende: Das ist die vierte Unwissenheit, die der Zeit.

Gerade innerhalb dieses kurzen, vergänglichen Werdens wissen wir nichts von unserem umfassenden und komplexen Wesen, von dem in uns, was im Verhältnis zu unserem vordergründigen Werden überbewusst, unterbewusst, innenbewusst, umweltbewusst ist. Darum nehmen wir das Werden an der Oberfläche mit seiner kleinen Auswahl von äußeren mentalisierten Erfahrungen für unser ganzes Dasein. Das ist die fünfte, die psychologische Unwissenheit.

Wir wissen nichts von der wahren Konstitution unseres Werdens. Darum nehmen wir Mental oder Leben oder Körper oder zwei von diesen oder alle drei für unser wahres Prinzip oder für die ganze Summe dessen, was wir sind: Dabei verlieren wir aus dem Auge, was sie konstituiert, was sie durch seine verborgene Gegenwart bestimmt und was durch sein Hervortreten ihre Wirkweisen uneingeschränkt bestimmen soll. Das ist die sechste, die konstitutionelle Unwissenheit.

Als Ergebnis all dieser Unwissenheiten verfehlen wir die wahre Erkenntnis, Lenkung und Freude unseres Lebens in der Welt. Darum wissen wir in unserem Denken und Wollen, in unserem Empfinden und Handeln nichts von den Fragen, die die Welt an uns stellt, und reagieren an jedem Punkt falsch oder unvollkommen auf sie; wir irren umher in einem Labyrinth von Irrtümern und Begehren, von Ringen und Versagen, von Schmerz und Lust, von Sünde und Straucheln, verfolgen einen krummen Weg und tasten blind nach einem wechselnden Ziel: Das ist die siebte, die praktische Unwissenheit."

[5] Apfel

In der nordischen Mythologie wird von den Göttern in Asgard erzählt, dass einer ihrer herrlichsten, kostbarsten Schätze die magischen Äpfel sind, welche die Göttin Idun hütet. Es sind die Äpfel der ewigen Jugend, von denen die Götter hin und wieder ein Stück essen, um nicht alt und gebrechlich zu werden. In vielen Mythen und Märchen spielt der Apfel eine wichtige Rolle, so z.B. auch in *Die weiße Schlange* oder *Der goldene Vogel* oder *Der Eisenhans*, oder in der *Heraklessage* (siehe dazu Medhanandas Interpretationen im Band I, und in *Verborgene Weisheit*).

Eine Interpretationsvariante von *Schneewittchen*

Symbole sind unauslotbar und können immer wieder aus anderer Sicht und in anderem Zusammenhang gesehen werden. In seinem Buch *Das altägyptische Senet-Spiel*, S. 19, interpretiert Medhananda das Märchen *Schneewittchen* so: Die große Mutter, die Königin, wünscht sich ein Kind, das Universum. Und sie sieht und verwirklicht es: weiß wie Schnee, rot wie Blut, schwarz wie die Nacht. Im Senet Spiel wird der Spieler in einem feierlichen Moment nach den ‚drei' großen Prinzipien gefragt, die es zu erkennen gilt (drei symbolisiert Vielheit). In der Welt der Vielheit scheinen diese ‚Drei' Widersprüche zu sein. Des Menschen Aufgabe ist es, diese Widersprüche, die er in sich selbst, in der Welt und im Universum sieht, aufzulösen. Bei den sieben Zwergen begegnet er sieben

Prinzipien, die den Menschen klein machen. Wir müssen die sieben Schleier der Unwissenheit von uns nehmen, um die Realität in ihrer Vollständigkeit wahrzunehmen.

Dann erkennen wir, dass selbst die Stiefmutter ein Aspekt der großen Mutter ist: Sie ist sowohl der dauernde Prozess der Transformation, als auch das, was transformiert wird.

Der treue Johannes

Kennt ihr das Märchen vom König und seinem Schloss mit der verborgenen, abgeschlossenen Kammer, die niemand betreten darf?

Dieser König – Vertreter eines Volkes, einer ganzen Kultur – sieht, dass eine Zeitenwende kommt, dass eine Epoche zu Ende geht und etwas Neues kommen will. Man kann den König auch sehen als ein Symbol für eine Bewusstseinsstruktur, die nun von einem anderen, neuen Bewusstsein – dem Sohn des Königs – abgelöst wird. Dieser Vorgang kann sich sowohl im einzelnen Menschen (bei seiner Entwicklung) als auch in einem ganzen Volk, ja der ganzen Menschheit abspielen. In solchen Übergangsphasen entstehen auch Gefährdungen, und davon erzählt das Märchen.

> Es war einmal ein alter König, der war krank und dachte: „Es wird wohl das Totenbett sein, auf dem ich liege."

Hier ist also eine alte Kultur, deren Ende naht.

> Da sprach er: „Lasst mir den getreuen Johannes kommen."

Der Schlüssel zu dem Märchen ist das Wort *getreu – die Treue*. Das lateinische Wort für Treue ist *Fides*. Und *Fides* wird im Deutschen auch übersetzt mit *Gelöbnis, Geloben, Glaube*; es ist also die ‚Treue‘ zur alten Kultur, zur alten Tradition, die der König herbeiruft.

> Der getreue Johannes war sein liebster Diener und hieß so, weil er ihm sein Leben lang so treu gewesen war.

Die Betonung liegt nochmals auf der Treue: der Treue zu dem Glauben der Väter, der Treue zu den alten Riten und Gesetzen, die jetzt ihre Gültigkeit langsam verlieren. Da sorgt sich nun der König um die Bewahrung dieser Werte in der Zukunft.

> Als er nun vor das Bett kam, sprach der König zu ihm: „Getreuester Johannes, ich fühle, dass mein Ende herannaht, und da habe ich keine andere Sorge als um meinen Sohn: Er ist noch in jungen Jahren, wo er sich nicht immer zu raten weiß, und wenn du mir nicht versprichst, ihn zu unterrichten in allem, was er wissen muss, und sein Pflegevater zu sein, so kann ich meine Augen nicht in Ruhe schließen."

Der König – die alte Epoche – macht sich Sorgen, weil der Sohn – die kommende Ära – noch so jung und ohne Erfahrung ist. Der treue Johannes – die Treue zum alten Glauben, zur Tradition – soll ihm Festigkeit geben, ihn führen und lehren und ihm wie ein Vater sein.

> Da antwortete der getreue Johannes: „Ich will ihn nicht verlassen und will ihm mit Treue dienen, wenn's auch mein Leben kostet."

Johannes fühlt, dass man der Zukunft – dem Sohn des Königs – in Treue dienen muss, auch wenn dabei die alte Epoche, der alte Glaube, die alte Tradition, zugrunde gehen sollte.

> Der König starb nun getrost und in Frieden, nachdem er dem treuen Johannes noch empfohlen hatte: „Nach meinem Tode sollst du meinem Nachfolger das ganze Schloss zeigen, alle Kammern, Säle und Gewölbe und alle Schätze, die darin liegen …

Den ganzen Reichtum der alten Kultur soll er ihm zeigen.

> … aber die letzte Kammer in dem langen Gange sollst du ihm nicht zeigen, worin das Bild der Königstochter vom goldenen Dache verborgen steht."

Das Bild der ‚Königstochter vom goldenen Dach' ist ein sehr schönes Symbol: es handelt sich hier um das ‚Dach' einer Kultur.

Jede Kultur mit ihrer bestimmten Weltanschauung, ihrer Religionsform, ihren Regeln und Traditionen ist ja sozusagen ein kleines beschränktes Reich der Sicherheit, die der Mensch sich in einem Universum gebaut hat, das nach allen Richtungen hin unendlich ist – ein kleines Reich, in dem er funktionieren kann, eine Begrenzung also, damit er nicht ständig ratlos vor dem Ewigen und Unendlichen steht. All unsere zahlreichen Wörter, mit denen wir den Phänomenen und Dingen einen Namen geben, dienen letztlich dazu, Sicherheit zu gewinnen über Unbekanntes. Aber diese Sicherheit wird illusorisch, wenn man über die Begrenzungen dieser ‚Kultur-Insel‘ hinausgehen will.

Teilhard de Chardin spricht in seinen Werken von der Noosphäre, der Sphäre, in welcher der Mensch seine mentale Fähigkeit entfaltet. Es ist das Reich der Gedanken. Über dieser Noosphäre steht die Logosphäre, die wenigen Menschen bewusst ist: eine hohe Ebene des Lichts, des Bewusstseins, der Gnosis – das goldene Dach! Von dieser hohen Ebene der Wahrheit – dem Wahrheitsbewusstsein – kommt ab und zu eine Botschaft, ein Engel (Angelos = Bote), etwas Neues herunter auf die ‚Insel‘ der Sicherheit. Doch wenn das geschieht, so wird die Stabilität, die scheinbare Sicherheit der alten Kultur bedroht; deshalb soll der Königssohn das Bild der Königstochter vom goldenen Dach besser nicht sehen.

„Wenn er das Bild erblickt, wird er heftige Liebe zu ihr empfinden …

Der König ahnt, dass der Sohn (die neue Generation) Einlass in alle Zimmer, auch in die verborgene, abgeschlossene Kammer, begehren wird, und dass er dann – von dem leuchtenden Bild, dem Bild einer neuen Zukunft, einer neuen Möglichkeit, eines neuen Bewusstseins, tief ergriffen – die wirkliche, lebende Königstochter vom goldenen Dache herbeisehnen wird, ja dass er nach nichts anderem mehr als nur nach ihr verlangen wird.

… und wird in Ohnmacht niederfallen und ihretwegen in große Gefahren geraten; davor sollst du ihn hüten.“

Der alte König fühlt den Einbruch eines neuen Bewusstseins, er sieht das Nahen einer ‚Kulturrevolution'. Keine Kultur, kein alter König, kann natürlich solch eine Umwälzung verhindern, aber wenn es ein weiser König ist, wird er die Erschütterungen, die solche Umbruchsphasen mit sich bringen, zu mildern versuchen. Es gibt ein Bild in der christlichen Mystik, wo von dem ‚goldenen Jerusalem' (einem lichten Bewusstsein, einem hohen Ideal) gesprochen wird, einer ‚Stadt', die an vier Ketten im Himmel hängt, und die man zart und vorsichtig herunterbringen muss: Die neuen Bilder der Zukunft, die großen Ideen und hohen Ideale, die ja im subtilen Bereich schon da sind, wollen sachte in das menschliche Bewusstsein heruntergebracht werden.

Und als der treue Johannes nochmals dem alten König die Hand darauf gegeben hatte, ward dieser still, legte sein Haupt auf das Kissen und starb. Als der alte König zu Grabe getragen war, da erzählte der treue Johannes dem jungen König, was er seinem Vater auf dem Sterbelager versprochen hatte, und sagte: „Das will ich gewisslich halten und will dir treu sein, wie ich ihm gewesen bin, und sollte es mein Leben kosten." Die Trauer ging vorüber. Da sprach der treue Johannes zu ihm: „Es ist nun Zeit, dass du dein Erbe siehst, ich will dir dein väterliches Schloss zeigen." Da führte er ihn überall herum, auf und ab, und ließ ihn alle die Reichtümer und prächtigen Kammern sehen …

Der Mensch muss all das inspizieren und erforschen, was er von seinen Vorvätern finden kann.

… nur die eine Kammer öffnete er nicht, worin das gefährliche Bild stand.

Warum wird dieses Bild von der Prinzessin vom goldenen Dach ‚gefährlich' genannt?

Das Bild der Wahrheit, das Bild der Gnosis ist nur für die zu Ende gehende Epoche ‚gefährlich'; wenn es in einer neuen Generation Wirklichkeit wird, so geraten die alten Werte und Bräuche, die Gewohnheiten, Dogmen, Regeln und Gesetze ins Wanken.

100

Das Bild war aber so gestellt, dass, wenn die Türe aufging, man gerade darauf sah, und war so herrlich gemacht, dass man meinte, es leibte und lebte und es gäbe nichts Lieblicheres und Schöneres auf der ganzen Welt. Der junge König aber merkte wohl, dass der getreue Johannes immer an einer Tür vorüberging, und sprach: „Warum schließest du mir diese niemals auf?" „Es ist etwas darin", antwortete er, „vor dem du erschrickst." Aber der König antwortete: „Ich habe das ganze Schloss gesehen, so will ich auch wissen, was darin ist", ging und wollte die Türe mit Gewalt öffnen. Da hielt ihn der getreue Johannes zurück und sagte: „Ich habe es deinem Vater vor seinem Tode versprochen, dass du nicht sehen sollst, was in der Kammer steht; es könnte dir und mir zu großem Unglück ausschlagen." „Ach nein", antwortete der junge König, „wenn ich nicht hineinkomme, so ist's mein sicheres Verderben. Ich würde Tag und Nacht keine Ruhe haben, bis ich's mit meinen Augen gesehen hätte. Nun gehe ich nicht von der Stelle, bis du aufgeschlossen hast."

Da sah der getreue Johannes, dass es nicht mehr zu ändern war, und suchte mit schwerem Herzen und vielem Seufzen aus dem großen Bund den Schlüssel heraus. Als er die Tür geöffnet hatte, trat er zuerst hinein und dachte, er wolle das Bildnis bedecken, dass es der König vor ihm nicht sähe. Aber was half das? Der König stellte sich auf die Fußspitzen und sah ihm über die Schulter. Und als er das Bildnis der Jungfrau erblickte, das so herrlich war und von Gold und Edelsteinen glänzte, da fiel er ohnmächtig zur Erde nieder.

So sehr kann das Licht, das strahlende ‚Dach'-Bewusstsein, den Unvorbereiteten treffen, dass z.B. ein Paulus vor Damaskus vom Pferd fiel.

Der getreue Johannes hob ihn auf, trug ihn in sein Bett und dachte voll Sorgen: Das Unglück ist geschehen, Herr Gott, was will daraus werden? Dann stärkte er ihn mit Wein, bis er wieder zu sich selbst kam. Das erste Wort, das er sprach, war: „Ach, wer ist das schöne Bild?" „Das ist die Königstochter vom goldenen Dache", antwortete der treue Johannes. Da sprach der König weiter: „Meine Liebe zu ihr ist so groß, wenn alle Blätter an den Bäumen Zungen wären, sie könnten's nicht aussagen; mein Leben setze ich daran, dass ich sie erlange, du bist mein getreuer Johannes, du musst mir beistehen."

Der junge König will das Neue, das Wahrgenommene, nicht nur als Bild sehen, sondern als lebendige Wirklichkeit erfahren, und er bittet den getreuen Johannes, ihm bei der Suche nach dieser neuen Wirklichkeit beizustehen.

Der treue Diener besann sich lange, wie die Sache anzufangen wäre, denn es hielt schwer, nur vor das Angesicht der Königstochter zu kommen. Endlich hatte er ein Mittel ausgedacht und sprach zu dem König: „Alles, was sie um sich hat, ist von Gold: Tische, Stühle, Schüsseln, Becher, Näpfe und alles Hausgerät.

Natürlich ist hier nicht von Dingen, sondern von Kräften die Rede, denn die Sprache der Gnosis ist eine Sprache der Symbole.

In deinem Schatze liegen fünf Tonnen Goldes, lass eine von den Goldschmieden des Reiches verarbeiten zu allerhand Gefäßen und Gerätschaften, zu allerhand Vögeln, Gewild und wunderbaren Tieren, das wird ihr gefallen, wir wollen damit hinfahren und unser Glück versuchen." Der König hieß alle Goldschmiede herbeiholen, die mussten Tag und Nacht arbeiten, bis endlich die herrlichsten Dinge fertig waren. Als alles auf ein Schiff geladen war, zog der getreue Johannes Kaufmannskleider an, und der König musste ein Gleiches tun, um sich ganz unkenntlich zu machen. Dann fuhren sie über das Meer und fuhren so lange, bis sie zu der Stadt kamen, worin die Königstochter vom goldenen Dache wohnte.

Das Meer symbolisiert das ‚Wellenreich‘, das seelische Reich. In vielen Märchen und Mythen muss der Sucher über das Meer fahren oder bis ans ‚Ende der Welt‘ gehen, um die Wahrheit zu finden.

Der treue Johannes hieß den König auf dem Schiffe zurückbleiben und auf ihn warten. „Vielleicht", sprach er, „bring ich die Königstochter mit, darum sorgt, dass alles in Ordnung ist, lasst die Goldgefäße aufstellen und das ganze Schiff ausschmücken." Darauf suchte er sich in sein Schürzchen allerlei von den Goldsachen zusammen, stieg ans Land und ging gerade nach dem königlichen Schloss. Als er in den Schlosshof kam, stand da beim Brunnen ein schönes Mädchen, das hatte zwei goldene Eimer in der Hand und schöpfte damit. Und als es das blinkende Wasser forttragen wollte und sich umdrehte, sah es den fremden Mann und fragte, wer er wäre. Da antwortete er: „Ich bin ein Kaufmann", und öffnete sein Schürzchen und ließ sie hineinschauen. Da rief sie: „Ei, was für schönes Goldzeug!", setzte die Eimer nieder und betrachtete eins nach dem anderen. Da sprach das Mädchen: „Das muss die Königstochter sehen, die hat so große Freude an den Goldsachen, dass sie Euch alles abkauft." Es nahm ihn bei der Hand und führte ihn hinauf, denn es war die Kammerjungfer. Als die Königstochter die Ware sah, war sie ganz vergnügt und sprach: „Es ist so schön gearbeitet, dass ich dir alles abkaufen will." Aber der getreue Johannes sprach: „Ich bin nur der Diener von einem reichen Kaufmann. Was ich hier habe, ist nichts gegen das, was mein Herr auf seinem Schiff stehen hat, und das ist das Künstlichste und Köstlichste, was je in Gold gearbeitet worden ist." Sie wollte alles heraufgebracht haben, aber er sprach: „Dazu gehören viele Tage, so groß ist die Menge, und so viele Säle, um es aufzustellen, dass Euer Haus nicht Raum dafür hat." Da ward ihre Neugierde und Lust immer mehr angeregt, so dass sie endlich sagte: „Führe mich hin zu dem Schiff, ich will selbst hingehen und deines Herrn Schätze betrachten." Da führte sie der treue Johannes zu dem Schiffe hin und war ganz freudig, und der König, als er sie erblickte, sah, dass ihre Schönheit noch größer war, als das Bild sie dargestellt hatte, und meinte nicht anders, als das Herz wollte ihm zerspringen. Nun stieg sie in das Schiff, und der König führte sie hinein; der getreue Johannes aber blieb zurück bei dem Steuermann und hieß das Schiff abstoßen: „Spannt alle Segel auf, dass es fliegt wie ein Vogel in der Luft." Der König aber zeigte ihr drinnen das goldene Geschirr, jedes einzeln, die Schüsseln, Becher, Näpfe, die Vögel, das Gewild und die wunderbaren Tiere. Viele Stunden gingen herum, während sie alles besah, und in ihrer Freude merkte sie nicht, dass das Schiff dahinfuhr. Nachdem sie das letzte betrachtet hatte, dankte sie dem Kaufmann und wollte heim, als sie aber an des Schiffes Rand kam sah sie, dass es fern vom Land auf hohem Meere ging und mit vollen Segeln forteilte. „Ach", rief sie erschrocken, „ich bin betrogen, ich bin entführt und in die Gewalt eines Kaufmannes geraten; lieber wollt ich sterben!" Der König aber fasste sie bei der Hand und sprach: „Ein Kaufmann bin ich nicht, ich bin ein König und nicht geringer an Geburt als du bist. Aber dass ich dich mit List entführt habe, das ist aus übergroßer Liebe geschehen. Das erste Mal, als ich dein Bildnis gesehen habe, bin ich ohnmächtig zur Erde gefallen." Als die Königstochter vom goldenen Dache das hörte, ward sie getröstet, und ihr Herz ward ihm geneigt, so dass sie gerne einwilligte, seine Gemahlin zu werden.

Es trug sich aber zu, während sie auf dem hohen Meere dahinfuhren, dass der treue Johannes, als er vorn auf dem Schiffe saß und Musik machte, in der Luft drei Raben erblickte, die dahergeflogen kamen.

Die drei Raben kommen öfters in der germanischen Mythologie vor; diese Vögel, Symbole für das innere, intuitive Wissens, sitzen z.B. auf den Schultern Wotans und melden ihm all das, was auf der Erde vor sich geht. Sie weissagen auch hier dem treuen Johannes die drei Gefahren, die der junge König auf seinem Weg des Einswerdens mit der neuen Wahrheit (der Vermählung mit der Königstochter vom goldenen Dach) antreffen wird.

Da hörte er auf zu spielen und horchte, was sie miteinander sprachen, denn er verstand das wohl. Der eine rief: „Ei, da führt er die Königstochter vom goldenen Dache heim." „Ja", antwortete der zweite, „er hat sie noch nicht." Sprach der dritte: „Er hat sie doch, sie sitzt bei ihm im Schiffe." Da fing der erste wieder an und rief: „Was hilft ihm das! Wenn sie ans Land kommen, wird ihm ein fuchsrotes Pferd entgegenspringen, da wird er sich aufschwingen wollen, und tut er das, so sprengt es mit ihm fort und in die Luft hinein, dass er nimmer mehr seine Jungfrau wiedersieht." Sprach der zweite: „Ist gar keine Rettung?" „O ja, wenn ein anderer schnell aufsitzt, das Feuergewehr, das in den Halftern stecken muss, herausnimmt und das Pferd damit totschießt, so ist der junge König gerettet. Aber wer weiß das! Und wer's weiß und sagt's ihm, der wird zu Stein von den Fußzehen bis zum Knie." Da sprach der zweite: „Ich weiß noch mehr, wenn das Pferd auch getötet wird, so behält der junge König doch nicht seine Braut. Wenn sie zusammen ins Schloss kommen, so liegt dort ein gemachtes Brauthemd in einer Schüssel und sieht aus, als wär's von Gold und Silber gewebt, ist aber nichts als Schwefel und Pech. Wenn er's antut, verbrennt es ihn bis auf Mark und Knochen." Sprach der dritte: „Ist da gar keine Rettung?" „O ja", antwortete der zweite, „wenn einer mit Handschuhen das Hemd packt und wirft es ins Feuer, dass es verbrennt, so ist der junge König gerettet. Aber was hilft's! Wer's weiß und es ihm sagt, der wird halben Leibes Stein vom Knie bis zum Herzen." Da sprach der dritte: „Ich weiß noch mehr, wird das Brauthemd auch verbrannt, so hat der junge König seine Braut doch noch nicht. Wenn nach der Hochzeit der Tanz anhebt und die junge Königin tanzt, wird sie plötzlich erbleichen und wie tot hinfallen, und hebt sie nicht einer auf und zieht aus ihrer rechten Brust drei Tropfen Blut und speit sie wieder aus, so stirbt sie. Aber verrät das einer, der es weiß, so wird er ganzen Leibes zu Stein vom Wirbel bis zur Fußzehe."

Als die Raben das miteinander gesprochen hatten, flogen sie weiter, und der getreue Johannes hatte alles wohl verstanden, aber von der Zeit an war er still und traurig. Denn verschwieg er seinem Herrn, was er gehört hatte, so war dieser unglücklich; entdeckte er es ihm, so musste er selbst sein Leben hingeben. Endlich aber sprach er bei sich: „Meinen Herrn will ich retten, und sollte ich selbst darüber zugrunde gehen."

Als sie nun ans Land kamen, da geschah es, wie der Rabe vorher gesagt hatte, und es sprengte ein prächtiger fuchsroter Gaul daher. „Wohlan", sprach der König, „der soll mich in mein Schloss tragen", und wollte sich aufsetzen, doch der treue Johannes kam ihm zuvor, schwang sich schnell darauf, zog das Gewehr aus den Halftern und schoss den Gaul nieder.

Das Pferd ist ein Symbol für die Dynamis, die Begeisterung, die eine neue Wahrheit mit sich bringt. Feurige Energien können uns forttragen – vielleicht aber in eine falsche Richtung; da kann z.B. ein Gefühl der Macht in uns entstehen. Man will eine Organisation gründen, Chef einer Gruppe werden, andere bekehren …

Da riefen die anderen Diener des Königs, die dem treuen Johannes doch nicht gut waren: „Wie schändlich, das schöne Tier zu töten, das den König in sein Schloss tragen sollte!" Aber der König sprach: „Schweigt und lasst ihn gehen, es ist mein getreuester Johannes, wer weiß, wozu das gut ist!"

Der junge König versteht nicht, warum der treue Diener das fuchsrote Pferd, auf dem er reiten will, totschießt. Der treue Diener, also die Tradition, der alte Glaube, sieht jedoch die Gefährdungen und handelt, ohne dem jungen König sagen zu können, warum er dies tut. In dieser Situation ist die Aufforderung verborgen, dass das Neue, die junge Generation, manchmal auch den alten Riten, Bräuchen und Traditionen etwas Vertrauen entgegen bringen muss: „Wer weiß, wozu das gut ist!"

Nun gingen sie ins Schloss, und da stand im Saal eine Schüssel, und das gemachte Brauthemd lag darin und sah nicht anders aus, als wäre es von Gold und Silber. Der junge König ging darauf zu und wollte es ergreifen, aber der Johannes schob ihn weg, packte es mit Handschuhen an, trug es schnell ins Feuer und ließ es verbrennen. Die anderen Diener fingen wieder an zu murren und sagten: „Seht, nun verbrennt er gar des Königs Brauthemd." Aber der junge König sprach: „Wer weiß, wozu es gut ist lasst ihn gehen, es ist mein getreuester Johannes!"

Die ersten Bewegungen dieses Einbruchs in die alte Kultur können gefährlich sein; in diesen Phasen des Umbruchs und Übergangs, in der die alte Ordnung sich auflöst, steigen auch – nebst dem wirklich Neuen – alte Bewusstseinsstrukturen in scheinbar neuer Art und Form, in scheinbar neuem, glänzendem ‚Gewand‘, wieder hoch, die aber – weil sie für das Programm der Evolution nicht mehr weiterführend sind – nichts als Pech und Schwefel sind, dekadent, defizient, nicht mehr angebracht. Vor solcher Täuschung muss man sich also hüten. Solch trügerisch neue ‚Gewänder‘ [1] können für die Insel der Sicherheit vielleicht anfänglich beschützend wirken, sind aber beengend, begrenzend und lassen keine wirkliche Entwicklung zu. Wir können das sehen, wenn z.B. jemand einen Thron usurpiert, und versucht, sich und dem Volk die ‚Gewänder‘ der Vergangenheit anzulegen – also z.B. eine Diktatur erzwingt statt eine Demokratie zuzulassen. Wie sehr behindert und vergiftet dies das Neue.

Nun ward die Hochzeit gefeiert. Der Tanz hub an, und die Braut trat auch hinein, da hatte der treue Johannes Acht und schaute ihr ins Antlitz. Auf einmal erbleichte sie und fiel wie tot zur Erde. Da sprang er eilends hinzu, hob sie auf und trug sie in eine Kammer, da legte er sie nieder, kniete und sog die drei Blutstropfen aus ihrer rechten Brust und speite sie aus. Alsbald atmete sie wieder und erholte sich, aber der junge König hatte es mit angesehen und wusste nicht, warum es der getreue Johannes getan hatte, ward zornig darüber und rief: „Werft ihn ins Gefängnis!"

Dieses dritte Symbol bedeutet, dass die neue Wahrheit in Gefahr ist, wieder zu verschwinden. Sie kann durch zu viel Widerstand des Alten geschwächt werden und ‚erbleichen‘. Und nun kommt eine sehr schöne Symbolik: der getreue Johannes muss die Königstochter vom goldenen Dach zur Ader lassen; drei Blutstropfen entzieht er ihrem Busen. Die Treue – das Geloben, der alte Glaube, die alte Tradition – muss einerseits das Neue etwas bremsen und leiten (wie wir in den ersten zwei Gefährdungen gesehen haben), aber auch mit der neuen Wahrheit in Berührung kommen, sie kennenlernen: Ein gegenseitiges Sich-Helfen ist notwendig. Doch der junge König macht jetzt einen Fehler. Er versteht nicht, warum der treue Johannes der Prinzessin drei Blutstropfen entnommen hat, weil er den geheimnisvollen Hintergrund nicht kennt. Und so bricht er (die neue Kultur) die Verbindung zum Alten ab, denn er hat kein Vertrauen mehr.

Am anderen Morgen ward der getreue Johannes verurteilt und zum Galgen geführt und als er oben stand und gerichtet werden sollte, sprach er: „Jeder, der sterben soll, darf vor seinem Ende noch einmal reden, soll ich das Recht auch haben?" „Ja", antwortete der König, „es soll dir vergönnt sein." Da sprach der treue Johannes: „Ich bin mit Unrecht verurteilt und bin dir immer treu gewesen", und er erzählte, wie er auf dem Meer das Gespräch der Raben gehört und wie er, um seinen Herrn zu retten, das alles hätte tun müssen. Da rief der König: „Oh, mein treuester Johannes, Gnade! Gnade ! Führt ihn herunter!" Aber der treue Johannes war bei dem letzten Wort, das er geredet hatte, leblos herabgefallen und war ein Stein.

Die alte Tradition soll also sterben. Wenn ein neues Bewusstsein herunterkommt, so wird das alte leblos, es versteinert [2]. Die alte Kultur wird nun ein Fossil, höchstens noch für die Gelehrten verständlich, etwas, das oft nur noch in den Museen anzutreffen ist. Einst lebendige Bräuche, Riten, Zeremonien verlieren ihre Wirkungskraft. Der Glaube an die Sitten, an die Normen verblasst oder erstarrt.

> Darüber trugen nun der König und die Königin großes Leid, und der König sprach: „Ach, was hab ich große Treue so übel belohnt!" und ließ das steinerne Bild aufheben und in seine Schlafkammer neben sein Bett stellen. Sooft er es ansah, weinte er und sprach: „Ach, könnt' ich dich wieder lebendig machen, mein getreuester Johannes!" Es ging eine Zeit herum, da gebar die Königin Zwillinge, zwei Söhnlein, die wuchsen heran und waren ihre Freude.

Die Zwillinge, die Kinder vom goldenen Dach, symbolisieren Kräfte des höheren Bewusstseins, z.B. Seligkeit und Wahrheit – oder intuitives Wissen und Transparenz.

> Einmal, als die Königin in der Kirche war und die zwei Kinder bei dem Vater saßen und spielten, sah dieser wieder das steinerne Bildnis voll Trauer an, seufzte und rief: „Ach, könnt' ich dich wieder lebendig machen, mein getreuester Johannes!" Da fing der Stein an zu reden und sprach: „Ja, du kannst mich wieder lebendig machen, wenn du dein Liebstes daran wenden willst." Da rief der König: „Alles, was ich auf der Welt habe, will ich für dich hingeben!" Sprach der Stein weiter: „Wenn du mit deiner eigenen Hand deinen beiden Kindern den Kopf abhaust und mich mit ihrem Blute bestreichst, so erhalte ich das Leben wieder." Der König erschrak, als er hörte, dass er seine liebsten Kinder selbst töten sollte, doch dachte er an die große Treue und dass der getreue Johannes für ihn gestorben war, zog sein Schwert und hieb mit eigner Hand den Kindern den Kopf ab.

Der König muss also die Kräfte des Neuen (die Kinder, die er so sehr liebt), opfern, hingeben. Das ist symbolisch zu verstehen: Mit den Kindern des Neuen – eines höheren Bewusstseins –, z.B. der Seligkeit und Wahrheit, kann die versteinerte alte Kultur und Tradition zu neuem

Leben erweckt werden. All die alten, schönen, frommen Dinge, die aus der Vergangenheit kommen, können jetzt wiederbelebt werden, können in neuem Licht wahrgenommen und integriert werden.

> Und als er mit ihrem Blute den Stein bestrichen hatte, so kehrte das Leben zurück, und der getreue Johannes stand wieder frisch und gesund vor ihm. Er sprach zum König: „Deine Treue soll nicht unbelohnt bleiben", und nahm die Häupter der Kinder, setzte sie auf und bestrich die Wunde mit ihrem Blut, davon wurden sie im Augenblick wieder heil, sprangen herum und spielten fort, als war ihnen nichts geschehen.

Dieser geheimnisvolle Austausch des sich gegenseitigen Belebens gelingt nun. Die Kinder können auch als Symbole für Ideen, Ideale, neue Erkenntnisse gesehen werden, für eine Öffnung, die da zart und geduldig in die Kultur eingebaut werden soll. Sie können z.B. auch die Wissenschaften darstellen, die die Zeit im 16. und 17. Jahrhundert mit sich brachte, während die Gotik des Mittelalters inzwischen versteinert war. Für die ‚Wiederbelebung‘ der Kinder gibt es viele Beispiele in der Geschichte, leider ebenso viele für deren ‚Enthauptung‘, der grausamen Verfolgung irgendwelcher neuen Ideen und Erkenntnisse. Wie lange hat es z.B. gedauert, bis das heliozentrische Weltbild anerkannt wurde und die alte, geozentrische Sicht ablösen konnte.

> Nun war der König voll Freude, und als er die Königin kommen sah, versteckte er den getreuen Johannes und die beiden Kinder in einen großen Schrank. Wie sie hereintrat, sprach er zu ihr: „Hast du gebetet in der Kirche?" „Ja", antwortete sie, „aber ich habe beständig an den getreuen Johannes gedacht, dass er so unglücklich durch uns geworden ist." Da sprach er: „Liebe Frau, wir können ihm das Leben wiedergeben, aber es kostet uns unsere beiden Söhnlein, die müssen wir opfern." Die Königin ward bleich und erschrak im Herzen, doch sprach sie: „Wir sind's ihm schuldig wegen seiner großen Treue." Da freute er sich, dass sie dachte, wie er gedacht hatte, ging hin und schloss den Schrank auf, holte die Kinder und den treuen Johannes heraus und sprach: „Gott sei gelobt, er ist erlöst, und unsere Söhnlein haben wir auch wieder!" und erzählte ihr, wie sich alles zugetragen hatte.

Da lebten sie zusammen in Glückseligkeit bis an ihr Ende.

Dieses Märchen ist also eine Initiationsgeschichte, um einem Volk zu helfen, sowohl die Tradition lebendig zu bewahren als auch das Neue hereinzulassen. Das ist eine sehr, sehr schwierige Phase mit vielem Hin und Her, in der das Gleichgewicht der Kräfte besonders labil ist, und es braucht viel gegenseitiges Verständnis, damit dies gelingt. Wenn wir die Geschichte der Menschheit betrachten, sehen wir, wie viele schöne alte Traditionen – z.B. das alte Ägypten, das Inkareich oder das, was Antike genannt wird – zu Grunde gegangen sind. Wenn eine neue Idee, eine neue Wahrheit für das Leben herabkommt, besteht die Gefahr, dass das Alte zerstört wird, vor allem, wenn es widersteht, wenn es sich weigert, das Neue zu empfangen, es in sich einzubauen, es zu integrieren.

Die Schwierigkeiten, die der Mensch in solchen Situationen hat – dass er die Tradition gegen das Neue, die alte Generation gegen die junge Generation stellt – kommen daher, dass er in Gegensätzen denkt: „entweder – oder", dass er es nicht gelernt hat, diese scheinbaren Gegensätze als ein „sowohl als auch", als zwei unterschiedliche Bewusstseinsstufen ein und derselben Wahrheit zu sehen. Der alte und der junge König, die alte Tradition und das noch ungestaltete Neue – beides sind Kräfte, Bewusstseinsreiche, die sich gegenseitig bereichern können, doch dazu gehört viel Weisheit.

Wenn wir die Geschichte etwas studieren, werden wir immer wieder Beispiele dafür finden, dass ein Volk, das nur auf Kulturrevolution aus ist, das keine Tradition, nichts Altes mehr gelten lässt, genauso dem Untergang geweiht ist, wie umgekehrt ein Volk, das nur in der Tradition verharren will, oder eine Religion, die nichts Neues hereinlässt.

Im Laufe der Jahrhunderte baute z.B. die katholische Kirche eine starke, machtvolle Tradition auf, die plötzlich (Ende des Mittelalters) vor der Frage stand: „Was machen wir mit der Wissenschaft, mit diesem neuen ‚Bild' der Wahrheit, das herabkommen will?" Leider fehlte damals auf beiden Seiten die Weisheit, so dass es zu brutalen Kriegen kam. Es sind gerade solche Kriege, solch heftige Auseinandersetzungen, die zu vermeiden sind – wie dieses Märchen vom ‚getreuen' Johannes uns lehrt.

Als Pizarro ins Inkareich einmarschierte, zerstörte er alles, und es hat Jahrhunderte gedauert, bis sich langsam die alte Tradition der Inkas und der Indianer wieder etwas an die Oberfläche arbeiten konnte; lange Jahrhunderte der totalen Verarmung waren die Folge. Genauso war das, was wir das Mittelalter nennen, eine Zeit, in der die reiche Kultur der Antike verboten war; die Dichter und Philosophen des Altertums durften nicht mehr gelesen werden. Erst in der Renaissance, der ‚Wiedergeburt‘, konnte das ausgeschlossene, ‚versteinerte‘ Alte dann wiederbelebt werden.

In dieser Geschichte hat sich also eine sehr schöne Lehrbotschaft erhalten. Sie sagt uns auch, dass inmitten des ‚Schlosses‘ des alten Königreiches, der alten Tradition, eine ‚Kammer‘ ist, die bereits das Bild der Königstochter vom goldenen Dach enthält, dass also in der alten Kultur, den alten Sitten, Symbolen und Bräuchen – wenn auch tief verborgen und fest eingeschlossen – sich Wahrheiten finden lassen, die auch von einer Ebene mit einem goldenen Dache herkommen. Nur wird das goldene Dach, die leuchtende Wirklichkeit, im Laufe der Zeit wieder vergessen, nicht mehr direkt erfahren, und deshalb versteinern Sitten und Bräuche. Einst ‚lebendige‘ Rituale und Traditionen degradieren zu nur noch äußeren Vorgängen, Handlungen, Pflichten.

Durch ein neues Bewusstsein [3] werden die in den Kammern alter Kulturen und vergangener Zeitepochen eingeschlossenen, verborgenen Bilder (von der Königstochter vom goldenen Dach) für uns wieder einsehbar, wahrnehmbar, lebendig und wirksam.

111

Anmerkungen

[1] **täuschendes Brauthemd, wahres Brauthemd**
Von einem *täuschenden* Brauthemd, dem Nessoshemd, ist auch in der Heraklessage die Rede. Dieses mit dem Blut des Zentauren Nessos bestrichene Hemd (täuschende Emotionen, schlechte Gefühle, negative Gedanken etc.) juckt, sticht und schmerzt Herakles so sehr, dass er hoch auf den Berg geht (ein Symbol für eine hohe Bewusstseinsebene) und sich (die schmerzenden Wesensaspekte eines niederen Bewusstseins) im Feuer verbrennt. Medhananda äußerte in einem Gespräch, dass man die durch das Nessoshemd verursachten Schmerzen mit dem Seelen-Feuer, dem Feuer der Aspiration, behandeln muss. „Mit diesem Seelenfeuer auf dem hohen Berg deines Bewusstseins musst du dich vereinen, das ist die wahre Hochzeit, die wahre Befreiung."
(siehe auch Medhananda *Verborgene Weisheit* (Kap. „Wie Herakles sich selbst erkannte", S. 48)
Zum wahren Brauthemd hat Medhananda an anderer Stelle gesagt: „Dein Kleid, die größte Hülle, die dich trägt, ist dein Kausalkörper (Seligkeitskörper, in Sanskrit *Ananda maya kosha* genannt), und der ist Feuer, Licht…" In diesem Zusammenhang hat er auch auf das *Lied vom Prinzen, der Perle und dem Kleid* (aus den apokryphen Schriften, Thomasakten 108-113) hingewiesen, in dem vom „strahlenden, mit Edelsteinen besetzten Gewand" die Rede ist, an das wir uns auf der Erde zu erinnern haben. Auch im Märchen *Die wahre Braut* werden die wie der Mond, die Sonne, die Sterne strahlenden Kleider erwähnt.

[2] **Versteinerung**
Das Motiv der Versteinerung finden wir auch im Grimms Märchen *Die Bienenkönigin*.

[3] **Neues Bewusstsein, Wahrheitsbewusstsein**
Ein neues Bewusstsein kündigt sich auch in unserer heutigen Zeit an. Wir sind in einer Übergangsphase: Alte Werte werden in Frage gestellt, alles scheint aus der Ordnung zu fallen. Mit dem vorherrschenden mental-rationalen Bewusstsein können die Probleme und Herausforderungen der Gegenwart nicht gelöst werden. Ein neues Bewusstsein bricht ein. Doch im Sichtbaren

scheinen die Samen des Neuen noch schwach zu sein und durch das Alte zurückgedrängt zu werden.

Sri Aurobindo nennt es supramentales Bewusstsein oder Wahrheitsbewusstsein, Jean Gebser bezeichnet es als das integrale Bewusstsein.

In *Der unsichtbare Ursprung* schreibt Jean Gebser:

„Dank der Bereitschaft des Menschen konnte das dem Ursprung entsprungene Zugleich, das intensivere, das universale Bewusstsein im Menschen wirksam werden. Sri Aurobindo hat diesen entscheidenden Vorgang bereits in den Jahren des Ersten Weltkrieges durch ein Konzept verdeutlicht, mit welchem er das der Evolution (als einem hiesigen Geschehen) ergänzte. Er stipulierte für die im hiesigen Bereich ablesbare ,Evolution‘ den ergänzenden Vorgang der ,Involution‘. Er umschrieb mit dieser Formulierung das Ereignis, dass unser bisheriges Bewusstsein sich heute durch das Einwirken des universalen Bewusstseins, von dem wir wissen, dass es im Unsichtbaren beheimatet ist (das jedoch nicht das mindeste mit dem Hegelschen Weltgeist zu tun hat!), über das nur mental-rationale hinaus zu steigern vermag und zur Auswirkung befähigt wird. Dieser Einbruch des universalen Bewusstseins ... weckt in uns das supramentale Bewusstsein, als welches es Sri Aurobindo bezeichnet. Ich selber habe schon vor dreißig Jahren und vor der Kenntnis des Werkes Sri Aurobindos ... dieses heute wirksam werdende Bewusstsein ... das aperspektivische, arationale, beziehungsweise das integrale genannt.“
(Siehe auch: *Allgemeine Anmerkungen*)

Rumpelstilzchen

Dieses Märchen ist wahrscheinlich eines der am meisten kommentierten, und auch eines der schönsten, weil jede Aussage ihren geheimen Sinn behalten hat. Hier ist nichts verschönert oder ausgemalt worden. Der Schlüssel zum Verständnis dieses Märchens ist derselbe, den wir auch bei den anderen Märchen benutzt haben: hinter den erzählten Ereignissen innere Bewusstseinserfahrungen zu sehen. Sobald wir uns klargemacht haben, dass der Müller gar kein Müller ist und der König auch kein König im gewöhnlichen Sinn, sondern dass diese Figuren Aspekte unserer eigenen Person sind, innere Ebenen unseres Bewusstseins, wird die Geschichte für uns verständlich.

> Es war einmal ein Müller, der war arm …

Das Mahlen ist zwar eine Transformationstätigkeit, aber eine, die schon in uralten Zeiten mechanisiert wurde. Gibt es auch ein Mahlen in uns? Hunderttausende von Sinneseindrücken wirken dauernd auf uns ein und wollen in uns verarbeitet werden. Und der Teil in uns, der sie bearbeitet, wird von Sri Aurobindo als ‚mechanical mind' bezeichnet – eine niedere, mechanische mentale Tätigkeit. [1] Der Müller, der war arm, heißt es im Märchen, denn diese mechanische Tätigkeit hat noch niemanden reich gemacht.

> … aber er hatte eine schöne Tochter. Nun traf es sich, dass er mit dem König zu sprechen kam, und um sich ein Ansehen zu geben, sagte er zu ihm: „Ich habe eine Tochter, die kann Stroh zu Gold spinnen."

Die schöne Tochter kann das trockene Stroh, den Abfall der Mühle zu Gold spinnen. Gold, das edelste der Metalle, war von jeher in den alten Geschichten das Symbol der Wahrheit, das Symbol der Sonne, des Lichts. Vielleicht haben wir diese Tochter schon in uns getroffen; sie symbolisiert eine der schönsten Fähigkeiten oder Möglichkeiten unseres Denkwesens, die uns sozusagen das Gold der Wahrheit bringen kann: die Intuition. Sie ist die Bewusstseinsebene in uns, die empfangsbereit, sozusagen jungfräulich ist und deshalb Tochter genannt wird.

Der König, zu dem der Müller hier spricht, ist nicht der wahre König unseres inneren Wesens, sondern derjenige, der sich zunächst den Anschein gibt, König zu sein: unser Ego. Und der arme Müller (also die mechanische Denktätigkeit) prahlt, dass seine Tochter (eine höhere Ebene des Denkens) das Gold der Wahrheit aus dem trockenen Stroh spinnen könne.

Der König sprach zum Müller: „Das ist eine Kunst, die mir wohlgefällt; wenn deine Tochter so geschickt ist, wie du sagst, so bring sie morgen in mein Schloss, da will ich sie auf die Probe stellen."

Hier können wir gleich den Charakter des Königs sehen: Er möchte den Glanz des Goldes für sich haben.

Als nun das Mädchen zu ihm gebracht ward, führte er es in eine Kammer, die ganz voll Stroh lag, gab ihr Rad und Haspel und sprach: „Jetzt mache dich an die Arbeit, und wenn du diese Nacht durch bis Morgen früh dieses Stroh nicht zu Gold versponnen hast, so musst du sterben." Darauf schloss er die Kammer selbst zu, und sie blieb allein darin.

Da saß nun die arme Müllerstochter und wusste um ihr Leben keinen Rat: sie verstand gar nichts davon, wie man Stroh zu Gold spinnen konnte, und ihre Angst ward immer größer, dass sie endlich zu weinen anfing.

Der König macht also mit dieser göttlichen Gabe, der Intuition, der inneren Muse, genau das, was man nicht mit ihr machen darf: er sperrt sie ein. Viele Dichter sind traurig zugrunde gegangen, weil plötzlich die Intuition, die Muse in ihnen nicht mehr gesungen hat; sie hat kein Gold mehr ‚gesponnen‘, weil sie eingesperrt wurde, weil sie unter Druck stand, etwas zu produzieren (um Geld verdienen zu können). Wenn wir das Leben der großen Dichter beobachten, werden wir bemerken, dass ihre schöpferischen Perioden, in denen sie wirklich eins waren mit ihrer Muse, wo wirklich Gold gesponnen wurde, verhältnismäßig kurz waren, verglichen mit den langen ‚dürren' Perioden, die dazwischen lagen. In Europa gab es niemand, der diesen Dichtern hätte helfen können. Es gibt keine Schule, die uns lehrt, wie man diese hohe schöpferische Ebene unseres mentalen Wesens aktivieren kann. Die Intuition, das Wirken der schönen Müllers-Tochter, bleibt ein Geheimnis.

> Da ging auf einmal die Türe auf, und trat ein kleines Männchen herein und sprach: „Guten Abend, Jungfer Müllerin, warum weint sie so sehr?" „Ach", antwortete das Mädchen, „ich soll Stroh zu Gold spinnen und verstehe das nicht." Sprach das Männchen: „Was gibst du mir, wenn ich dir's spinne?"

Wer ist nun dieses geheimnisvolle Männchen, das behauptet, Stroh zu Gold spinnen zu können? Wer ist es, der vorgibt, diese Massen von Getreideabfall, die das Mentale ständig produziert – in Büchern und Zeitschriften – in Gold zu verwandeln? Wer macht aus diesem Stroh, aus diesen Binsen eine Binsenwahrheit? Ein kleines Männchen, ein Zwerg! Das Geheimnis dieses Zwerges liegt in seinem Namen; nur wenn man seinen Namen kennt, erkennt man seine Funktion, die Rolle, die er spielt – in uns! Der geheime Name dieses Männchens ist Rumpelstilzchen.

Was hat das zu bedeuten?

Rumpeln heißt, ein Geräusch erzeugen. Denken wir an die Rumpel-kammer, so hören wir ein Geräusch von alten Möbeln und anderen aufbewahrten Sachen. Diese Kammer gleicht dem Teil unseres Gehirns, unseres mentalen Wesens, der sich mit dem Gerümpel der Vergangenheit befasst, dieses hin- und herschiebt, neu arrangiert, umstellt. Es bleibt aber immer dasselbe Gerümpel. Die Zukunft, die Neues und Erkennt-nisse aus höheren Ebenen des Bewusstseins offenbaren möchte, wird ausgeschlossen.
Des weiteren geht es auf Stelzen, es heißt Rumpelstilzchen. Dieser Teil unseres Mentalen bewegt sich gerne ‚abgehoben', abstrakt, bevorzugt eine Art zu sprechen und zu schreiben, die auf Stelzen geht: es ist

unsere Rationalität. An philosophischen Fakultäten unserer Universitäten oder auch in Fachzeitschriften können wir dieses Stelzengehen oftmals antreffen: Vieles glänzt wie Gold, ist aber nicht immer echtes Gold. (In der ursprünglichen Geschichte heißt es: und alles glänzte *wie* Gold.)

„Mein Halsband“, sagte das Mädchen.

Das Rumpelstilzchen möchte gerne ein Ehrenabzeichen. Und die äußere Auszeichnung dafür ist natürlich das Halsband, der Orden, das Ordensband.

Schon im alten Ägypten, vor mehreren tausend Jahren, trugen der Pharao und die Prinzessinnen breite, glänzende Halsbänder aus Gold und Edelsteinen, und in speziellen Zeremonien ehrten sie auch hohe Würdenträger mit der Übergabe eines solchen Halsbandes. [2] In dieser feierlichen Handlung steckt eine psychologische Wahrheit: So wie der Halsschmuck leuchtend auf unserer Haut liegt, so umgibt uns als größte feinstoffliche Hülle (Aura) der Seligkeitskörper und strahlt als ‚goldene‘ Aura. (Er wird in Indien Anandamayakosha genannt.)

Später degradierte diese symbolische Zeremonie. Das Halsband wurde zu einem äußeren Ehrenabzeichen.

> Das Männchen nahm das Halsband, setzte sich vor das Rädchen, und schnurr, schnurr, schnurr, dreimal gezogen, war die Spule voll. Dann steckte es eine andere auf, und schnurr, schnurr, schnurr, dreimal gezogen war auch die zweite voll …

Da kommt schon das ‚zweite Kapitel‘ oder der ‚zweite Band‘ eines neuen Buches!

> … und so ging’s fort bis zum Morgen, da war alles Stroh versponnen, und alle Spulen waren voll Gold.

Zumindest sah es so aus, sie glänzten so.

Bei Sonnenaufgang kam schon der König, und als er das Gold erblickte, erstaunte er und freute sich, aber sein Herz ward nur noch goldgieriger.

Das Ego kann nie genug haben.

Er ließ die Müllerstochter in eine andere Kammer voll Stroh bringen, die noch viel größer war, und befahl ihr, das auch in einer Nacht zu spinnen, wenn ihr das Leben lieb wäre. Das Mädchen wusste sich nicht zu helfen und weinte, da ging abermals die Türe auf, und das kleine Männchen erschien und sprach: „Was gibst du mir, wenn ich dir das Stroh zu Gold spinne?" „Meinen Ring von dem Finger", antwortete das Mädchen.

Der Ring ist auch ein uraltes Symbol. Alles im Universum ist eine Kreisbewegung, eine Ringbewegung. Alles, auch unser Bewusstsein, kehrt immer wieder in seinen Ursprung zurück. Den Ring kann man drehen; was uns z.B. heute bedrückt, geht vorbei, und auch was kommt, wird vorübergehen. Der ägyptische Shenring ist ein Symbol für Zeit und Ewigkeit, welche zusammengebunden werden sollen. [3] Die Unendlichkeit wird immerwährende Gegenwart, die alle Vergangenheit und alle Zukunft in sich enthält. Die Gegenwart wird Ewigkeit. In dieser Intensität liegt eine große Kraft.

Als Ring der Macht (Macht ist nicht dasselbe wie Kraft) erscheint dieses Symbol in den germanischen Sagen. Wotan trägt ihn an seinem Finger; wer diesen Ring besitzt, hat Macht über andere, er kann befehlen. Danach verlangt das Männchen.

Das Männchen nahm den Ring, fing wieder an zu schnurren mit dem Rade und hatte bis zum Morgen alles Stroh zu glänzendem Gold gesponnen. Der König freute sich über die Massen bei dem Anblick, war aber noch immer nicht des Goldes satt …

Dem Ego in uns genügt die Menge Gold immer noch nicht, es verlangt nach mehr.

… sondern ließ die Müllers-Tochter in eine noch größere Kammer voll Stroh bringen und sprach: „Die musst du noch in dieser Nacht verspinnen: gelingt dir's aber, so sollst du meine Gemahlin werden." Wenn's auch eine Müllerstochter ist, dachte er, eine reichere Frau finde ich in der ganzen Welt nicht. Als das Mädchen allein war, kam das Männlein zum dritten Mal wieder und sprach: „Was gibst du mir, wenn ich dir noch diesmal das Stroh spinne?" „Ich habe nichts mehr, das ich dir geben könnte", antwortete das Mädchen. „So versprich mir, wenn du Königin wirst, dein erstes Kind."

Das Kind ist der letzte große Preis. Das Halsband der Ehren, und den Ring der Befehlsgewalt hat das Männchen ja bereits.

Was aber bedeutet nun das Kind?

Es geht in diesem Märchen um die Suche nach der Wahrheit, und schon seit uralten Zeiten wird uns immer wieder gesagt, dass die Wahrheit nicht etwas ist, das man in Büchern finden kann, sondern etwas Lebendiges; die Wahrheit ist ein Kind. Das Männchen, das so viel Strohgold und Binsenwahrheit gesponnen hat, möchte jetzt natürlich auch dieses Kind, diese *lebende* Wahrheit besitzen.

„Wer weiß, wie das noch geht", dachte die Müllerstochter und wusste sich auch in der Not nicht anders zu helfen; sie versprach also dem Männchen, was es verlangte, und das Männchen spann dafür noch einmal das Stroh zu Gold. Und als am Morgen der König kam und alles fand, wie er gewünscht hatte, so hielt er Hochzeit mit ihr, und die schöne Müllerstochter ward eine Königin.

Über ein Jahr brachte sie ein schönes Kind zur Welt und dachte gar nicht mehr an das Männchen; da trat es plötzlich in ihre Kammer und sprach: „Nun gib mir, was du versprochen hast."

Dieses wahre Kind der inneren Muse, dieses lebendige Werk, das da auf die Erde gebracht wurde, diese lebende Wahrheit, soll die Königin nun diesem Zwerg geben, damit jener sie sich aneignen und dann behaupten kann: „Das ist mein Kind. Dieses schöne Gedicht, dieses Gemälde, diese Musikkomposition habe ich selber geschaffen."

Die Königin erschrak und bot dem Männchen alle Reichtümer des Königreiches an, wenn es ihr das Kind lassen wollte. Aber das Männchen sprach: „Nein, etwas Lebendes ist mir lieber als alle Schätze der Welt." Da fing die Königin so an zu jammern und zu weinen, dass das Männchen Mitleid mit ihr hatte: „Drei Tage will ich dir Zeit lassen", sprach es, „wenn du bis dahin meinen Namen weißt, so sollst du dein Kind behalten."

Schon in uralten Zeiten, in den ältesten Märchen, treffen wir immer hin und wieder den Namenzauber. Wer den wahren Namen, den geheimen Namen eines Wesens kennt, ist ihm nicht mehr ausgeliefert. Der wahre Name entschlüsselt uns immer das Funktionieren, das ‚innere Programm' des betreffenden Wesens. Wenn man dieses Programm kennt, kann man es ‚rufen' oder ‚wegschicken' oder es an den ihm gemäßen Platz verweisen. Auch in uns selbst gibt es viele Programme, viele ‚Wesen', Energien, Kräfte. Wenn uns bewusst wird, welche Kraft in uns gerade vorherrscht (wenn wir ihr also einen Namen geben können), werden wir frei von ihr, sie kann uns nicht länger in Besitz nehmen, wir stehen ‚über' ihr. Wer in diesem Sinne alle seine vielfältigen inneren Kräfte, Funktionen, Programme kennt, ist wahrer König, ist wahre Königin im Reich des Bewusstseins.

Die Königsfrau sucht nun also nach dem geheimen Namen. [4]

Nun besann sich die Königin die ganze Nacht über auf alle Namen, die sie jemals gehört hatte und schickte einen Boten über Land, der sollte sich erkundigen, weit und breit, was es sonst noch für Namen gäbe.

Ein Bote (ein Teil der Königin) wird über Land (das eigene Bewusstseinsreich) geschickt, um den Namen dessen zu finden, der selber kümmerlich begrenzt ist, und versucht, alles andere auch zu begrenzen, abzugrenzen, abzutrennen – und der gleichzeitig Ehre, Macht und die lebende Wahrheit für sich beansprucht.

Als am anderen Tag das Männchen kam, fing sie an mit Kasper, Melchior, Balzer und sagte alle Namen, die sie wusste, nach der Reihe her, aber bei jedem sprach das Männlein: „So heiß ich nicht." Den zweiten Tag ließ sie in der Nachbarschaft herumfragen, wie die Leute da genannt würden, und sagte dem Männlein die ungewöhnlichsten und seltsamsten Namen vor: „Heißt du vielleicht Rippenbiest oder Hammelswade oder Schnürbein?" Aber es antwortete immer: „So heiß ich nicht." Den dritten Tag kam der Bote wieder zurück und erzählte: „Neue Namen habe ich keinen einzigen finden können, aber wie ich an einen hohen Berg um die Waldecke kam, wo Fuchs und Hase sich gute Nacht sagen ..."

Der Bote muss also tief in unser Bewusstseinsreich vordringen, in uns noch unbekannte, verborgene Gebiete.

... so sah ich da ein kleines Haus, und vor dem Haus brannte ein Feuer ...

Ein schönes Symbol: Das Feuer, das da vor dem Haus brannte!

... und um das Feuer sprang ein gar zu lächerliches Männchen, hüpfte auf einem Bein ...

Dieses Männchen, dieses Rumpelstilzchen, das sich so Gold produzierend gebärdet und auf einem Bein hüpft, ist die Funktion in uns, auf die wir so stolz sind – unsere Logik, die immer schön von einem Bein auf das andere tritt, und ihre Schlüsse zieht: A ist gleich B, B ist gleich C, folglich ist A gleich C, aber C ist nicht gleich D. Das sind die Binsenwahrheiten, die dieses Männlein produziert.

„Es setzt die Theorien auf den Thron als Wirklichkeiten" [5], so beschreibt Sri Aurobindo dieses rationale Mental, eine Ebene in uns, die viele Menschen als die höchste betrachten, weil sie die höheren Stufen des mentalen Bereichs noch nicht kennen und erfahren haben. [6]

... und schrie: „Heute back ich, morgen brau ich ...

Backen und brauen sind Umwandlungsprozesse, die die Menschheit schon seit uralten Zeiten kennt. Brot backen und Bier brauen, das kann das Männlein.

> ... übermorgen hol ich der Königin ihr Kind."

Die Königin ist die große Mutter, und das Kind der großen Mutter ist das goldene Kind, das Kind, der Zukunft, das neue Realisationen mit sich bringt. Weil das Männlein, das hier auf einem Bein (einseitig) tanzt, sozusagen der Vergangenheit angehört und das Vergangene, Begrenzte, ‚Einseitige' besonders liebt, hat es nie das Zukünftige erobern können. Das ‚Übermorgen (also in der Zukunft) hol ich der Königin ihr Kind' ist seine Sehnsucht.
Und dann fügt es hinzu:

> „... Ach wie gut ist, dass niemand weiß, dass ich Rumpelstilzchen heiß!" Da könnt ihr denken, wie die Königin froh war, als sie den Namen hörte, und als bald hernach das Männlein hereintrat und fragte: „Nun Frau Königin, wie heiß ich?" fragte sie erst: „Heißest du Kuntz?" „Nein." „Heißest du Heinz?" „Nein." „Heißt du etwa Rumpelstilzchen?" „Das hat dir der Teufel gesagt, das hat dir der Teufel gesagt", schrie das Männlein und stieß mit dem rechten Fuß vor Zorn so tief in die Erde, dass es bis an den Leib hineinfuhr, dann packte es in seiner Wut den linken Fuß mit beiden Händen und riss sich selbst mitten entzwei.

Vor dem goldenen Kind, dem Geheimnis der Zukunft, des Wahren und Lebendigen stehend und nicht fähig, dieses goldene Kind in seine Gewalt zu bekommen, reißt das Männlein, unsere biedere Logik, unsere Rationalität, sich selbst entzwei.

Jede Aussage in diesem Märchen hat ihre tiefe Bedeutung für die Eroberung des Königreiches – des inneren Bewusstseinsreiches, von dem Jesus so oft spricht und uns auffordert, das goldene Kind in uns selbst zu finden – und uns immer wieder daran erinnert, dass wir selbst dieses goldene Kind sind! [7]

Anmerkungen

[1] **das mechanische Mental**
In *Die Synthese des Yoga*, Kapitel „Über die verschiedenen Stufen des Denkwesens" schreibt Sri Aurobindo: „Das mechanische Mental ist eine Art Motor – was auch immer auf es trifft, wirft es in die Maschine und dreht es immer weiter im Kreis, ganz gleich, was es ist. Es ist die Natur des physischen Mentalen, die einmal eingetretene Bewegung ohne Nutzen immer wieder zu wiederholen."
In *Letters on Yoga*, S. 327f. schreibt Sri Aurobindo: „Das physische (oder mechanische) Mental ist der Teil des Mentalen, der sich nur mit den physischen Dingen beschäftigt, ist abhängig von Sinnesempfindungen, sieht nur Objekte und äußeres Handeln, bekommt seine Ideen von Daten, die durch äußere Dinge gewonnen werden, zieht nur aus ihnen seine Schlüsse und kennt keine andere Wahrheit, bis es von oben erleuchtet wird. Das physische Mental kann sich nur mit äußeren Dingen beschäftigen."

[2] **Halsband**
In *Der Weg des Horus* S. 237 schreibt Medhananda: „Wie alle Dinge, die wir tragen, ist auch der Halsschmuck ein Lehrsymbol. Er ist eine Erinnerung an die Umarmung durch die höheren Wesensteile von uns selbst, die wir von Zeit zu Zeit fühlen können, wie sie uns mit ihrer sanften warmen Gegenwart schützen."
Wenn in Ägypten der Pharao den Halsschmuck feierlich einem Würdenträger überreichte, war das eine Einladung (oder Erinnerung) zu diesem Erlebnis.

[3] **Shenring**
siehe Medhananda, *Die Königliche Elle,* S. 202, oder die Interpretation zum Shenring in *Die weiße Schlange* (Band I).

[4] **Namensfindung**
Über die Wichtigkeit der Namensfindung siehe auch *Der Geist im Glas,* Anmerkung 6 (S. 146).

[5] **rationales Mental**
Das Zitat stammt aus dem großen Epos Savitri. Dort beschreibt Sri Aurobindo

in poetischer Weise unsere verschiedenen Bewusstseinsstufen, darunter auch das rationale Mental.

[6] verschiedene Stufen des Denkwesens

Sri Aurobindo unterscheidet innerhalb der mentalen Bewusstseinsstruktur verschiedene Stufen des Denkwesesens. Nebst dem analytischen, rationalen (logischen, perspektivischen) Denken erkennt und nennt er: das Höhere Denken, das Erleuchtete Denken, die Intuition und das Übermentale Denken. (Siehe auch in *Allgemeine Anmerkungen:* das mentale Bewusstsein.)

[7] Aussagen von Jesus zum Kind

Im Thomasevangelium, Logion 22 steht: Er [Jesus] sagte zu seinen Jüngern: „Diese kleinen Kinder, die gesäugt werden, gleichen denen, die in das Königreich eingehen...“
Im Thomasevangelium Logion 4 steht: Jesus sprach: „Der alte Mensch wird nicht zögern, ein kleines Kind von sieben Tagen zu befragen über den Ort des Lebens, und er wird leben.“

Der Geist im Glas
Ein Märchen mit alchemistischen Wurzeln

In diesem Märchen hören wir von einem Geist, der in einer Flasche eingesperrt ist, dann – herausgelassen – groß und bedrohlich wird, und wieder dazu gebracht werden kann, ganz klein zu werden. „Ich bin der großmächtige Mercurius", sagt dieser Geist von sich. Mercurius ist einerseits der römische Name für den Götterboten (in Griechenland Hermes und in Ägypten Thot genannt), es ist aber auch der Name des innersten, die Sonne umkreisenden Planeten ...

… und Mercurius ist ebenso eine alchemistische Bezeichnung für Quecksilber. Dieses spielte bei den Alchemisten eine wichtige Rolle bei der Umwandlung von unreinen in edle Metalle (in Gold oder Silber), und es wurde auch in der Heilkunst verwendet. [1]

Beide Themen kommen im Märchen zur Sprache, deshalb könnte es in der alchemistischen Zeit um das 16. Jahrhundert herum entstanden sein.

Nun gibt es ein viel älteres orientalisches Märchen aus *Tausendundeine Nacht* [2] mit fast gleichem Titel und ganz ähnlichen Motiven: Ein armer Fischer findet im Meer eine Flasche. Als er sie öffnet, kommt ein riesiger, drohender Geist heraus. Der Fischer lässt sich nicht einschüchtern und bringt ihn mit List dazu, sich wieder klein zu machen, indem er Zweifel ausdrückt, dass ein so großes Wesen in eine Flasche passe. Der in die Flasche zurückgegangene und dort erneut eingesperrte Geist bittet, nochmals befreit zu werden und verspricht dem Fischer, ihn reich zu machen, was dann auch geschieht. [3]

Lässt sich das Grimms Märchen also auf dieses orientalische Märchen zurückführen? Wurde es in alchemistischer Zeit nur überarbeitet, leicht verändert?

127

Während vieler Jahrhunderte wurden Märchen immer nur mündlich weitergegeben und kamen mit den Wanderern und Reisenden von einem Land ins andere. Viele Geschichten aus *Tausendundeine Nacht* stammen aus Indien, kamen nach Persien und später in den arabischen Raum – und dazu gehörte ab 640 n. Chr. auch Ägypten. Die Alchemiekunst [4] wurde wesentlich durch Ägypten geprägt und ist mit den Arabern um 700 n. Ch. nach Spanien und später ins übrige Europa gekommen.

So kann man verstehen, dass im vorliegenden Märchen durchaus alte orientalische, arabische und mittelalterliche alchemistische Einflüsse aufspürbar sind.

Doch uns interessiert ja nicht in erster Linie die Historie des Märchens, sondern wir wollen herausfinden, wo hinter den Motiven, den Symbolen und alchemistischen Namen allgemeingültige psychologische Prinzipien sind, durch die wir etwas über uns selbst erfahren können.

> Es war einmal ein armer Holzhacker, der arbeitete vom Morgen bis in die späte Nacht. Als er sich endlich etwas Geld zusammengespart hatte, sprach er zu seinem Jungen: „Du bist mein einziges Kind, ich will das Geld, das ich mit saurem Schweiß erworben habe, zu deinem Unterricht anwenden; lernst du etwas Rechtschaffenes, so kannst du mich im Alter ernähren, wenn meine Glieder steif geworden sind und ich daheimsitzen muss.“ Da ging der Junge auf eine hohe Schule und lernte fleißig, so dass ihn seine Lehrer rühmten, und blieb eine Zeitlang dort. Als er ein paar Schulen durchgelernt hatte, doch aber noch nicht in allem vollkommen war, so war das bisschen Armut, das der Vater erworben hatte, draufgegangen, und er musste wieder zu ihm heimkehren.

Der arme Holzhacker schickt also seinen Sohn auf eine hohe Schule. Will der Vater seinen Sohn etwas lernen lassen, was er selber nicht kann?

Die Erwähnung der hohen Schule scheint ganz typisch aus dem 16. Jahrhundert zu kommen, da gab es viele hohe Schulen, auch schon

Universitäten. Es heißt: „Als er ein paar Schulen durchgelernt hatte ...“ Jede Schule lehrte früher ein Buch. Wenn du es gelernt hattest, musstest du auf eine andere Schule gehen. Sowohl bei den ersten Chemikern der Alchemie als auch bei den Leuten, die heilen wollten (oder in anderen Studien) war es Sitte, dass man von einer Schule zur andern, von einem guten Lehrer zum andern zog. Deshalb gibt es das Bild des fahrenden Scholaren. Man ging nach Cordoba (dort lehrten die Araber), nach Toledo (dort lehrten die Juden) oder nach Salamanca (dort waren die Christen) oder in andere Städte Europas mit hohen Schulen. In dieser Schilderung steckt auch die allgemeine Sehnsucht des Menschen, mehr zu wissen – aus der Knechtschaft des Unwissens herauszukommen. Väter, die sich im Leben abmühen müssen, wünschen, dass es ihren Söhnen im Leben einmal besser geht als ihnen.

Es heißt im Märchen: „Als er ein paar Schulen durchgelernt hatte, aber noch nicht in allem vollkommen war.“ Soll das bedeuten, dass es immer noch etwas gibt, das man schließlich selber erwerben muss, das man nicht auf hohen Schulen erlangen kann?

Ja, das erinnert an Goethes Aussage im Faust: „Habe nun, ach! Philosophie, Juristerei und Medizin und leider auch Theologie durchaus studiert, mit heißem Bemühn. Da steh ich nun, ich armer Tor und bin so klug als wie zuvor ...“ Auch ein ausgelernter Scholar, ein Wissender, ist noch kein Weiser. Und wie das Märchen erzählt, geschieht das Wesentliche nicht auf der hohen Schule, sondern im Wald, in den Erfahrungen des Lebens.

„Ach“, sprach der Vater betrübt, „ich kann dir nichts mehr geben und kann in der teuren Zeit auch keinen Heller mehr verdienen als das tägliche Brot.“
„Lieber Vater“, antwortete der Sohn, „macht Euch darüber keine Gedanken, wenn Gottes Wille also ist, so wird's zu meinem Besten ausschlagen; ich will mich schon drein schicken.“
Als der Vater hinaus in den Wald wollte, um etwas am Malterholz (am Zuhauen und Aufrichten) zu verdienen, so sprach der Sohn: „Ich will mit Euch gehen und Euch helfen.“ „Ja, mein Sohn“, sagte der Vater, „das sollte dir beschwerlich ankommen, du bist an harte Arbeit nicht gewöhnt, du hältst

das nicht aus; ich habe auch nur eine Axt und kein Geld übrig, um noch eine zu kaufen." „Geht nur zum Nachbar", antwortete der Sohn, „der leiht Euch seine Axt so lange, bis ich mir selbst eine verdient habe."

Da borgte der Vater beim Nachbar eine Axt, und am andern Morgen, bei Anbruch des Tags, gingen sie zusammen hinaus in den Wald. Der Sohn half dem Vater und war ganz munter und frisch dabei. Als nun die Sonne über ihnen stand, sprach der Vater: „Wir wollen rasten und Mittag halten, hernach geht's noch einmal so gut." Der Sohn nahm sein Brot in die Hand und sprach: „Ruht Euch nur aus, Vater ich bin nicht müde, ich will in dem Wald ein wenig auf und abgehen und Vogelnester suchen."

Er will Vogelnester suchen, steckt da eine tiefere Bedeutung drin?

Das Ei [5] war zu allen Zeiten ein wichtiges Symbol. Schon in der Steinzeit wurden rote Eier als Symbol des sich immer wieder erneuernden Lebens neben den Verstorbenen in die Erde gelegt. Der Sohn sucht also nach etwas Wesentlichem, nach etwas Lebendigem.

„O du Geck", sprach der Vater, „was willst du da herumlaufen, hernach bist du müde und kannst den Arm nicht mehr aufheben; bleib hier und setze dich zu mir."

Der Sohn aber ging in den Wald, aß sein Brot, war ganz fröhlich und sah in die grünen Zweige hinein, ob er etwa ein Nest entdeckte.

So ging er hin und her, bis er endlich zu einer großen gefährlichen Eiche kam, die gewiss schon viele hundert Jahre alt war, und die keine fünf Menschen umspannt hätten.

Warum ist die große Eiche gefährlich? Kommt diese Aussage aus der Zeit, wo der Wald als gefährlich, als feindlich empfunden wurde, weil man sich drin verirren konnte, weil dort wilde Tiere wohnten?

Unsere Vorfahren, die Germanen, sind in den Wald gegangen, um dort die Götter zu treffen. Und spätere Generationen, die schon Christen waren, gingen vielleicht aus demselben Grunde immer noch dorthin. In Griechenland (im Orakelheiligtum in Epirus) wurde die mächtige Eiche von Dodona verehrt. Und durch das Rauschen ihres Laubes konnte man die Antwort auf eine Frage an das Orakel vernehmen. Heilige Eichen haben auch im Christentum noch lange weitergelebt. Seit jeher war der Baum das Symbol für die Einheit des Seins, in der alles mit allem kommuniziert. Das, was uns darin noch nicht bewusst geworden ist – und nur das – kann uns als gefährlich erscheinen.

> Er blieb stehen und sah sie an und dachte, es muss doch mancher Vogel sein Nest hineingebaut haben.
> Da deuchte ihn auf einmal, als hörte er eine Stimme. Er horchte und vernahm, wie es mit so einem recht dumpfen Ton rief: „Lass mich heraus, lass mich heraus." Er sah sich ringsum, konnte aber nichts entdecken, doch es war ihm, als ob die Stimme unten aus der Erde hervorkäme. Da rief er: „Wo bist du?" Die Stimme antwortete: „Ich stecke da unten bei den Eichwurzeln. Lass mich heraus, lass mich heraus." Der Schüler fing an, unter dem Baum aufzuräumen und bei den Wurzeln zu suchen, bis er endlich in einer kleinen Höhlung eine Glasflasche entdeckte.

Der Schüler – auf der Suche nach sich selbst – sucht oben nach Eiern, und stattdessen stößt er unten auf etwas Seltsames.

> Er hob sie in die Höhe und hielt sie gegen das Licht, da sah er ein Ding, gleich einem Frosch gestaltet, das sprang darin auf und nieder. „Lass mich heraus, lass mich heraus", riefs von neuem, und der Schüler, der an nichts Böses dachte, nahm den Pfropfen von der Flasche ab. Alsbald stieg ein Geist heraus und fing an zu wachsen, und wuchs so schnell, dass er in wenigen Augenblicken als ein entsetzlicher Kerl, so groß wie der halbe Baum, vor dem Schüler stand. „Weißt du", rief er mit einer fürchterlichen Stimme, „was dein Lohn dafür ist, dass du mich herausgelassen hast?" „Nein", antwortete der Schüler ohne Furcht, „wie soll ich das wissen?"

Etwas Unbekanntes ruft und verlangt, aus dem eingeschlossenen Gefäß herausgelassen zu werden. Der Schüler zeigt keine Furcht, lässt sich nicht einschüchtern, sondern begegnet dem unbekannten Geist mit gesunder Neugier. Auch in den Träumen ist es wichtig, nicht davonzurennen, sondern sich den oft ‚aufgeplusterten‘ Kräften zu stellen.

„So will ich dir's sagen", rief der Geist, „den Hals muss ich dir dafür brechen." „Das hättest du mir früher sagen sollen", antwortete der Schüler, „so hätte ich dich stecken lassen; mein Kopf aber soll vor dir wohl feststehen, da müssen mehr Leute gefragt werden." „Mehr Leute hin, mehr Leute her", rief der Geist, „deinen verdienten Lohn, den sollst du haben. Denkst du, ich wäre aus Gnade da so lange Zeit eingeschlossen worden, nein, es war zu meiner Strafe; ich bin der großmächtige Merkurius [6], wer mich loslässt, dem muss ich den Hals brechen."

„Sachte", antwortete der Schüler, „so geschwind geht das nicht, erst muss ich auch wissen, dass du wirklich in der kleinen Flasche gesessen hast, und dass du der rechte Geist bist; kannst du auch wieder hinein, so will ichs glauben, und dann magst du mit mir anfangen, was du willst." Der Geist sprach voll Hochmut: „Das ist eine geringe Kunst", zog sich zusammen und machte sich so dünn und klein, wie er anfangs gewesen war, also dass er durch dieselbe Öffnung und durch den Hals der Flasche wieder hineinkroch. Kaum aber war er darin, so drückte der Schüler den abgezogenen Pfropfen wieder auf und warf die Flasche unter die Eichwurzeln an ihren alten Platz, und der Geist war betrogen.

Interpretiert man den ‚Geist Mercurius‘ als Quecksilber, so ist verständlich, dass er – einmal aus der Flasche herausgelassen, sich als Dampf gewaltig ausdehnt und gefährlich werden kann. Doch dass er sich wieder klein macht und in die Flasche rein geht, das passt doch eigentlich nicht.

Da hat vielleicht ursprünglich etwas anderes gestanden, vielleicht nur ‚großer Geist‘, so wie im Märchen von *Tausendundeine Nacht*. Wer ist denn dieser Geist, der – wenn losgelassen – die Tendenz hat, gewaltig anzuschwellen, als Projektion groß und mächtig zu erscheinen, der aber auch wieder dazu gebracht werden kann, sich klein zu machen? Diese Verhaltensweise passt doch sehr zum Ego! Solange es in der Flasche sitzt, ist es harmlos, aber wehe, wenn es losgelassen wird und sich verselbständigt, dann kann es so schnell wachsen, dass es in wenigen Augenblicken als ein entsetzlicher Kerl, so groß wie der halbe Baum, vor dem Schüler (vor uns) steht. Das ist eine schöne Beschreibung einer Egoprojektion.

In vielen alten Geschichten und Sagen kommen Geister vor, sowohl gute als auch schlechte. Was soll man sich darunter vorstellen?

Das sind all die Kräfte, die Bewegungen, die in dir sind; du liebst jemanden oder du willst etwas wissen und studieren oder du willst etwas Aufregendes erleben, dann wieder bist du voll Ungeduld, voll Ärger, dann wieder voll Glück etc. Es gibt zahlreiche Seelenbewegungen in deinem Wesen. Du bist wie eine in den Winden flatternde ‚Fahne‘ (so haben die alten Polynesier und Ägypter es ausgedrückt). Die Kräfte, Energien (Winde), die sie bewegen, sieht man nicht; es sind die ‚Geister‘, die Pneumata, die Engel, Neteru, Daimonia, Devas, Seelenkräfte, Prinzipien des Weltalls …, wie immer man diese Energien in den verschiedenen Kulturen und Zeitepochen genannt hat oder nennen will.

Wir haben das Gefühl, unsere eigenen Seelenkräfte würden die Fahne flattern lassen. Doch Liebe, Freude, Ausdauer, Mut, etc. sind universelle Kräfte, die durch uns hindurchgehen, uns bewegen; wir können sie überall finden. Wie sehr kann ein Huhn seine Küken verteidigen, wie unermüdlich Vögel ihre Jungen füttern; in diesem Verhalten lässt sich ebenso das Prinzip der Liebe und Mütterlichkeit entdecken. Selbst die Gravitation kann man als eine Form der Liebe sehen. Sie verbindet die Elemente, hält die Planeten auf ihren Bahnen. Darin ist eine geistige Kraft zu erkennen. Und wie im Makrokosmos, so im Mikrokosmos: „Der Mensch ist ein Modell des Weltalls", sagt Leonardo da Vinci.

Nun kann sich eine sogenannte positive Kraft auch in eine negative Kraft umwandeln; aus Großzügigkeit kann plötzlich Verschwendung werden, Sparsamkeit kann in Geiz ausarten, ebenso kann aus gesunder Ichstärke eine Ichverhärtung entstehen. „Das Ego war der Helfer, das Ego ist nun das Hindernis", schreibt Sri Aurobindo in seinen Aphorismen.

Als eine förderliche, hilfreiche Kraft erschien es in der Evolution bereits an den Wurzeln des Lebensbaumes (,gleich einem Frosch gestaltet' heißt es im Märchen) oder – wie in der Version von *Tausendundeine Nacht* – in den Wellen des Meeres, in den Urgewässern, quasi noch im Unterbewussten. Es wurde von der Natur mit großer Mühe aufgebaut. Mit jeder hinzugefügten Zelle in unserem Organismus ist es im Laufe der Jahrtausende gewachsen, ist also etwas ganz Fundamentales in unserem Sein. Das Ego selbst ist nichts Ungutes oder Böses. Was würden wir tun ohne es, was würde ein Tier tun ohne jegliches Egogefühl? Ohne Ego gäbe es keinen Selbsterhaltungstrieb, auch keine Kultur, keine Kathedralen und Schlösser, Kunstwerke und großen Städte. Wir brauchen es, doch es darf nicht ausarten, übermächtig werden und uns beherrschen, sich verhärten.

Jeder, der auf der Suche nach sich selbst ist, so wie der Jüngling im Märchen, begegnet früher oder später dem Ego im ,Walde' des Lebens und muss lernen, es – wenn zu groß und dominant geworden – in die Flasche zurückzuschicken. Doch wird er erleben, dass es erneut ruft und losgelassen werden will. Immer wieder muss man sich mit ihm auseinandersetzen. Im Laufe der letzten Jahrhunderte hat man mit zahlreichen Maßnahmen versucht, es klein zu halten. Doch haben harte Askese, religiöse Gebote, staatliche Gesetze und Verbote, militärische Zucht bis heute nicht viel bewirkt. Es ist immer noch da, immer noch groß.

Wie soll man ihm beikommen?

Wenn man es mit strengen Methoden bekämpft, wird es nur stärker, wenn man es ernst nimmt, wird es nur gewichtiger. Am besten, man geht mit ihm in humorvoller, spielerischer oder auch – wie das Märchen uns zeigt – listiger Weise um. Wie ein wachsamer Beobachter, wie ein fröhlicher Jäger auf der Pirsch, müssen wir seine Spielchen erkennen, die es in uns treibt. Das setzt voraus, dass wir uns nicht mit ihm identifizieren. Eine andere Instanz in uns kann ihm gelassen und heiter sagen: „Jetzt geh du mal wieder in deine Flasche rein." Es hat seine Wirkung, wenn man mit seinen Seelenkräften redet.

Wichtig ist zu erkennen, ob eine Kraft im gegebenen Moment für uns hilfreich oder hinderlich ist; im ersten Fall kann man sie willkommen heißen, im zweiten Fall wegschicken.

Ist es so, dass die als hinderlich empfundene Ego-Kraft sich vor allem in unserem vitalen Bereich ausdrückt?

Es gibt in jedem Bereich – im körperlichen, vitalen, emotionalen, mentalen Bereich – Ego-Kräfte. Sicher musste der Mensch sich lange Zeit vor allem mit seinen vitalen Ego-Kräften auseinandersetzen und lernen, sie zu bändigen; davon berichten auch viele Mythen (so auch die Heraklessage). In den letzten zweitausend Jahren hat sich das Ego jedoch ganz besonders mit dem analytischen Denken verbunden. Das Ego selbst ist kein Denker, aber es liebt Trennungsbewegungen, es lebt vom Gefühl der Sonderung. Indem es kritisiert, urteilt und andere (oder eigene Seelenkräfte) klein macht, kommt es sich selber größer und mächtiger vor. Tiere haben ja auch ein Ego, doch dieses ist vergleichsweise harmlos, ist ohne diese hässlichen Eigenschaften, die ein menschliches Ego haben kann, wenn es sich so stark mit dem analytischen Denken verbindet, und wenn es das Synthese-Denken, das Ganzheitsdenken außer Acht lässt.

Haben wir in der Nacht, im Traumbewusstsein auch ein Ego?

Im Traum sind wir in einem anderen Bewusstsein, da haben wir eine Art Traum-Ego, das ist ein viel harmloseres, nicht so schreckliches Ich. Erst wenn es im Tagbewusstsein wieder mit dem analytischen Denken zusammenkommt, entsteht diese trennende Tendenz, die es für die ganze Menschheit so bedrohlich macht.

Gibt es denn so etwas wie ein kollektives Ego, also nicht nur mein Ego und dein Ego, sondern so etwas wie ein Ego der gesamten Menschheit, des Adam.

Du bist eine Vielheit, bist Millionen von Zellen. Jedesmal, wenn du 'Ich' sagst, äußert sich ein anderes 'Ich' in dir: einmal als Hunger und

Durst, dann als hormonal gesteuerter Vorgang, als vitales Begehren, als emotionaler Wunsch, als Verlangen nach mentaler Betätigung, nach Diskussionen und Verteidigen von fixen Standpunkten, nach Besetzung von hohen politischen Machtpositionen … usw. Wenn wir mit einem Vorgesetzten reden, spricht ein anderes Ich, als wenn wir mit dem Untergebenen streiten oder Kinder belehren. Jedesmal kommt eine andere Teilpersönlichkeit zum Vorschein. All diese verschiedenen ‚Ichs‘ aus unseren unterschiedlichen Bewustseinsstrukturen schließen sich gerne zu einem kollektiven Ich zusammen, zu einem ‚Herr der Heerscharen‘. Wenn dieser in den Himmel projiziert wird, scheint es, als ob dort ein ‚großmächtiger‘ Geist mit menschlichen Eigenschaften Macht ausübe: Er richtet, urteilt, rächt, trennt und bestraft, verlangt Gehorsam und duldet keine anderen neben sich. Wir merken dann nicht, dass diese über uns gestellte große Egoprojektion Dinge verlangt, die gar nicht vom Himmel, sondern vom kollektiven Ego der Menschen kommen, weil wir mit der mental richtenden, urteilenden Bewusstseinsebene in uns identifiziert sind. Große monotheistische Religionen bergen in diesem Sinn Gefahren.

Die Bestrafung wird ja auch im Märchen erwähnt, bereits in der Tausendundeine Nacht-Version heißt es, der Geist sei zur Strafe so lange eingeschlossen gewesen.

Strafe gehört nicht zur Gnosis, sondern ist Ausdruck einer moralischen, richtenden Weltanschauung. Das ursprüngliche Märchen mit eventuell rein psychologischer Lehrbotschaft wurde vielleicht bereits von den Arabern überarbeitet und ins Moralische verzerrt. Das Eingesperrt-sein des ‚Geistes‘ lässt sich jedenfalls auch psychologisch deuten: Die Flasche ist die Form (der Körper), in der eine Energie, ein geistiges Prinzip so lange unerkannt eingeschlossen bleibt, bis es von unserem Bewusstsein wahrgenommen wird. Diese Deutung passt auch ganz zum alchemistischen Bestreben: Durch chemische Umwandlungsprozesse sollte ein im Metall innewohnendes, geistiges Prinzip aus seiner gebundenen Form gelöst – ‚erlöst‘ – werden. Und in diesem Vorgang suchte man Entsprechungen zu finden für analoge seelische Umwandlungsvorgänge.

Das (ursprünglich ägyptische) Anliegen war: Erkenne dich selbst und verwandle dich in Gold.

Kann das Ego zu einer dienenden Kraft gewandelt werden?

In der goldenen Zeit, im alten Ägypten, wurden alle Seelenkräfte Dienersterne genannt. Auf den Bildern werden die sogenannten Götter, die Neteru, immer auf gleicher Ebene mit dem Menschen dargestellt. Auch noch im frühen Griechenland steht Pallas Athene direkt hinter dem Schützling, auf gleicher Augenhöhe. Wenn man die ‚Götter' rief, so kamen sie, um zu helfen und zu dienen.
Auch in indischen Mythen und Märchen wird erzählt, wie man auf spielerische (nicht verbissene) Art mit den Kräften umgeht und sie rufen und dienstbar machen kann. Die bedrohlichen aufgeplusterten ‚Geister' – die Inder nennen sie Dämonen – darf man ruhig auch mal überlisten, denn sie sind nicht besonders intelligent. Die alten Geschichten vermitteln psychologische Weisheiten in humorvoller Weise.

So um 500 vor Chr. kam eine Wende: Die Götterstatuen lächelten nicht mehr, sondern zeigten nur noch ernste Gesichter. Die einst so vertrauten, immer nahen und helfenden Kräfte wurden vom Ego weit weg in den Himmel projiziert und wohnten jetzt im Olymp oder in Walhalla. Als dort anzubetende Götter standen sie nun weit über dem Menschen. Dieser war ihren Launen ausgeliefert, konnte dem über ihn verhängten Schicksal nicht entkommen, und opferte und verrichtete Gottesdienste zu ihrer Versöhnung. Die mütterlichen, weiblichen Kräfte wurden verdrängt oder bekamen negative Eigenschaften (wie z.B. Pandora, deren Name noch verrät, dass sie ursprünglich die ‚alles Gebende' war). Und unter den vielen Göttern, den vielen Archetypen stellte sich derjenige des gestrengen, furchterregenden Vaters über die andern, duldete keine anderen ‚Götter' mehr neben sich. [7]

Für diejenigen, die über diese große, damals kollektiv ausgelöste Projektion im patriarchalischen Zeitalter hinauswachsen wollten, wurde es schwierig. Viele wurden im Mittelalter auf dem Scheiterhaufen verbrannt.

Und noch heute dominiert das dualistische, vom Ego geprägte Weltbild, wenn auch Zeichen eines neuen Bewusstseins erkennbar sind. Will man das Ego dienstbar machen, muss man sich zuerst einmal seiner Funktion, seiner trennenden Projektionsbewegungen bewusst werden. ,Fehler', die uns beim Anderen stören, sind auch in uns auffindbar; deshalb müssen wir zuerst uns selbst (und nicht das Gegenüber) ändern wollen. Durch diese Arbeit an sich selbst wandelt sich das Ego.

> Nun wollte der Schüler zu seinem Vater zurückgehen, aber der Geist rief ganz kläglich: „Ach, lass mich doch heraus, lass mich doch heraus." „Nein", antwortete der Schüler, „zum zweiten Male nicht, wer mir einmal nach dem Leben gestrebt hat, den lass ich nicht los, wenn ich ihn wieder eingefangen habe." „Wenn du mich frei machst, so will ich dir so viel geben, dass du dein Lebtag genug hast", rief der Geist. „Nein", antwortete der Schüler, „du würdest mich betrügen wie das erstemal." „Du verscherzest dein Glück", sprach der Geist, „ich will dir nichts tun, sondern dich reichlich belohnen." Der Schüler dachte: „Ich will's wagen, vielleicht hält er Wort und anhaben soll er mir doch nichts." Da nahm er den Pfropfen ab, und der Geist stieg wie das vorige Mal heraus, dehnte sich auseinander und ward groß wie ein Riese.

Beim ersten Mal ruft der Geist: „Wer mich loslässt, dem muss ich den Hals brechen", beim zweiten Mal sagt er: „Wenn du mich frei machst, so will ich dir so viel geben, dass du dein Lebtag genug hast." Und am Schluss dankt er für die Erlösung.

Da geschieht also eine Wandlung. Wie uns das Märchen zeigt, genügt es nicht, das Ego nur wieder klein zu machen und es in die Flasche zurück zu schicken. Es will befreit werden. Früher hat man versucht, mit Geboten, Gesetzen und patriarchalischer Strenge das Ich klein zu machen, es abzutöten: Ritter Georg kämpft mit dem Drachen, Herakles muss dem Untier den Kopf abschneiden. Doch da wachsen nur wieder neue Köpfe nach. Je mehr man das Ego bekämpft, desto stärker wird es. Deshalb empfiehlt Sri Aurobindo einen anderen Weg: Wir müssen dem Ego die Grenzen nehmen.

Kann man das so verstehen: Als Kind sind wir ja noch ich-los, dann erwachen wir zum Ich und müssen Ich-stärke aufbauen, also ich-haft werden, wie Jean Gebser es ausdrückt. Und schließlich lernen wir, diesem Ich die Grenzen zu nehmen, also ,ich-frei' zu werden?

Ja. Wenn wir im Spiel der Kräfte eine Meisterrolle einnehmen, können wir das Ego ,befreien'. Das ,Ich' sitzt dann nicht mehr auf dem Thron unseres Seins und dominiert uns, sondern es wird ein gehorsames Instrument. Benötigen wir es für unser Wirken in der Welt (um uns z.B. für etwas einzusetzen, um sich zu getrauen, bei einer bestimmten Situation ,nein' zu sagen, um einen innerlich wahrgenommenen Auftrag ausführen zu können etc.), so steht es uns zur Verfügung, bei anderer Situation lässt es sich wegschicken.

Frei vom Ich zu sein, bedeutet, nicht mehr an es gebunden zu sein, nicht mehr mit ihm identifiziert zu sein, weil wir zu einem größeren Selbst gefunden haben. Und freilassen ist nicht gleichzusetzen mit loslassen: Egoprojektionen werden auf alles Mögliche unbewusst *losgelassen*. Werden sie bewusst, kann man sie *freilassen*, ihnen die Grenzen nehmen, sie platzen lassen wie Seifenblasen. Man ist *ich-frei* geworden. [8]

> „Nun sollst du deinen Lohn haben", sprach er, und reichte dem Schüler einen kleinen Lappen, ganz wie ein Pflaster, und sagte: „Wenn du mit dem einen Ende eine Wunde bestreichst, so heilt sie und wenn du mit dem andern Ende Stahl und Eisen bestreichst, so wird es in Silber verwandelt." „Das muss ich erst versuchen", sprach der Schüler …

Hier ist ein schönes Detail: der Jüngling glaubt dem Geist nicht einfach blindlings, sondern er will seine Anweisungen zuerst ausprobieren und überprüfen.

> … ging an einen Baum, ritzte die Rinde mit seiner Axt und bestrich sie mit dem einen Ende des Pflasters: alsbald schloss sie sich wieder zusammen und war geheilt. „Nun, es hat seine Richtigkeit", sprach er zum Geist, „jetzt können wir uns trennen." Der Geist dankte ihm für seine Erlösung, und der

Schüler dankte dem Geist für sein Geschenk und ging zurück zu seinem Vater.

Derselbe Geist, der dem Jüngling zu Beginn der Geschichte so gedroht hat, beschenkt ihn nun. Da wird wieder eine Polarität sichtbar, eine Doppeldeutigkeit, die ganz zum alchemistischen Geist Mercurius passt. [9] Auf Bildern wird er deshalb oft androgyn, als Hermaphrodit dargestellt. Oder er steht mit einem Bein auf der Sonne, mit dem andern auf dem Mond, oder zwei Schlangen winden sich um seinen Stab. Alle diese Bilder wollen die Polarität und Wandlungsfähigkeit der Kräfte zeigen.

Quecksilber wurde im 16. Jahrhundert ja seltsamerweise auch als Heilmittel verwendet, obwohl es eigentlich giftig ist. Konnte man damit wirklich heilen?

Man experimentierte damit. Der große Arzt und Alchemist Paracelsus hat viele Pflanzen und Metalle auf ihre Heilkraft geprüft. Er selbst ist ja dann an einer Bleivergiftung gestorben. Viele sogenannte Gifte werden heute noch als Heilmittel verwendet. Wie heißt es so schön: Dosis facit venenum, auf die Dosis kommt es an. Das griechische Wort ‚Pharmakon‘ hat eine doppelte Bedeutung: es heißt Gift und Heilmittel. Gift – als englischer Ausdruck – bedeutet Geschenk: Das Gift, das Heilung bewirkt, ist ein Geschenk! Hier schimmern also erneut zwei Aspekte ein und derselben Kraft durch.

Auch als Metall zeigt Quecksilber eine Doppelnatur: als Dampf ist es sehr gefährlich, in seiner flüssigen Form jedoch kann es Gold an sich binden.

Ja, und in diesen Eigenschaften und äußerlich sichtbaren Vorgängen sah der Alchemist jeweils Entsprechungen für innere seelische Kräfte und Vorgänge. Wenn man z.B. bei der Goldsuche den in einem schlammigen Gewässer entdeckten Goldstaub nicht mühsam heraussieben will, kann man Quecksilber ins Gewässer geben. Es verbindet sich mit den feinen Goldkörnchen zu Goldamalgam, doch wird dadurch das Leuchten des

Goldes ausgelöscht. Das scheinbar ‚verschluckte' Gold sinkt mit dem Quecksilber schwer auf den dunklen Schlammgrund. Dort kann es dann aber eingesammelt und heraufgeholt werden.

Um es nun aus seiner Gebundenheit an das unedle Metall zu ‚erlösen', lässt man das Quecksilber verdampfen (das geschieht schon bei geringer Temperaturerhöhung). Leider sind diese Dämpfe – wenn sie eingeatmet werden – sehr gesundheitsschädlich, doch durch diesen Prozess kommt das leuchtende Gold wieder hervor.

Ähnliche Verwandlungsvorgänge kann man auch im Seelischen beobachten: Verborgen im dunklen Schlamm (im Körper) liegt das innere ‚Gold' unserer Wahrheit, unserer göttlichen Natur und will ans Licht gebracht werden (ins Bewusstsein). Doch wir werden anfänglich in die Tiefe (ins Unbewusste) gezogen. Erst nach langem Läuterungsprozess kann das seelische ‚Gold' in seiner Reinheit leuchten. Dieser Vorgang des ‚Stirb und Werde' war Stoff der alten Mysteriendramen, war Geheimnis wahrer Heilung, war Forschungsthema der alten Ägypter und später der Alchemisten. Da man die Erkenntnisse darüber nur jenen weitergeben wollte, die würdig und reif waren, sie zu empfangen, wurden sie nur verhüllt, in Bildern und Symbolen weitergegeben. Seelensprache ist Symbolsprache.

„Wo bist du herumgelaufen?" sprach der Vater, „Warum hast du die Arbeit vergessen? Ich habe es ja gleich gesagt, dass du nichts zustande bringen würdest." „Gebt Euch zufrieden, Vater, ich will's nachholen." „Ja, nachholen", sprach der Vater zornig, „das hat keine Art." „Habt acht, Vater den Baum da will ich gleich umhauen, dass er krachen soll." Da nahm er sein Pflaster, bestrich die Axt damit und tat einen gewaltigen Hieb, aber weil das Eisen in Silber verwandelt war, so legte sich die Scheide um. „Ei, Vater, seht einmal, was habt Ihr mir für eine schlechte Axt gegeben, die ist ganz schief geworden." Da erschrak der Vater und sprach: „Ach, was hast du gemacht! nun muss ich die Axt bezahlen und weiß nicht, womit; das ist der Nutzen, den ich von deiner Arbeit habe." „Werdet nicht bös.", antwortete der Sohn, „die Axt will ich schon bezahlen." „O, du Dummbart", rief der Vater, „wovon willst du sie bezahlen? Du hast nichts, als was ich dir gebe;

das sind Studentenkniffe, die dir im Kopf stecken, aber vom Holzhacken hast du keinen Verstand."

Über ein Weilchen sprach der Schüler: „Vater, ich kann doch nichts mehr arbeiten, wir wollen lieber Feierabend machen." „Ei was", antwortete er, „meinst du, ich wollte die Hände in den Schoß legen wie du? ich muss noch schaffen, du kannst dich aber heim packen." „Vater, ich bin zum ersten Mal hier in dem Wald, ich weiß den Weg nicht allein, geht doch mit mir." Weil sich der Zorn gelegt hatte, so ließ der Vater sich endlich bereden und ging mit ihm heim. Da sprach er zum Sohn: „Geh und verkauf die verschändete Axt und sieh zu, was du dafür kriegst, das übrige muss ich verdienen, um sie dem Nachbar zu bezahlen." Der Sohn nahm die Axt und trug sie in die Stadt zu einem Goldschmied, der probierte sie, legte sie auf die Waage und sprach: „Sie ist vierhundert Taler wert, so viel habe ich nicht bar."

Kann man in der Axt auch ein Symbol sehen?

Die *eiserne* Axt dient zum Holzhacken. Mit ihr wird das Holz geteilt, mit ihr schlagen wir alles in kleine Stücke; ein Bild für Trennungsbewegungen, für dualistische ‚Tätigkeit' in uns, mit der sich das Ego besonders gerne verbindet. Die *veredelte, silberne* Axt hat ihre Härte verloren, sie kann als eine differenziertere analytische Tätigkeit gesehen werden, die – wenn sie nicht mehr vom Ego dominiert ist – in vielen Situationen notwendig und hilfreich ist. Wir müssen ja auch unterscheiden können!

Vielleicht hieß es in einer älteren Version sogar, dass der Jüngling die Axt in Gold verwandeln konnte, denn die Alchemisten versuchten ja vor allem, die unedlen Metalle in Gold zu verwandeln. Gold war seit jeher das Symbol für Licht, Bewusstsein, Erleuchtung. Doch auch das Silber – dem Mond und dem ‚Nacht-wissen' zugehörig – spielte in der Alchemie bei der Umwandlung der Metalle eine wichtige Rolle.

Der Schüler sprach: „Gebt mir, was Ihr habt, das übrige will ich Euch borgen."
Der Goldschmied gab ihm dreihundert Taler und blieb einhundert schuldig.
Darauf ging der Schüler heim und sprach: „Vater, ich habe Geld, geht und
fragt, was der Nachbar für die Axt haben will." „Das weiß ich schon",

antwortete der Alte, „einen Taler, sechs Groschen." „So gebt ihm zwei Taler zwölf Groschen, das ist das Doppelte und ist genug; seht Ihr, ich habe Geld im Überfluss", und gab dem Vater einhundert Taler und sprach, „es soll Euch niemals fehlen, lebt nach Eurer Bequemlichkeit." „Mein Gott", sprach der Alte, „wie bist du zu dem Reichtum gekommen?" Da erzählte er ihm, wie alles zugegangen wäre, und wie er im Vertrauen auf sein Glück einen so reichen Fang getan hätte. Mit dem übrigen Geld aber zog er wieder hin auf die hohe Schule und lernte weiter, und weil er mit seinem Pflaster alle Wunden heilen konnte, ward er der berühmteste Doktor auf der ganzen Welt.

„... und lernte weiter." Selbst wenn man sich in der Welt mit dem ‚großmächtigen Geist' auseinandergesetzt hat, mit seiner gefährlichen und seiner hilfreichen Seite, und ihm seine Grenzen genommen hat, so gibt es immer noch viel zu lernen – ein Leben lang.

Dass der Jüngling am Schluss ein berühmter Arzt geworden ist, passt ganz zur Alchemie. Die Fähigkeit zu heilen lässt sich natürlich auch gnostisch verstehen: Bewusstwerdung führt aus dem ‚Getrennt-Sein' in ein größeres ‚Ganz-Sein', in ein Heil-Sein. Wer selbst heil ist, kann auch andere heilen – nicht nur körperlich, sondern auch seelisch.

Selbst wenn dieses Märchen unter dem alchemistischen Einfluss des 16. Jh. überarbeitet worden ist, kann man darin doch psychologische Botschaften von zeitloser Gültigkeit erkennen.

Anmerkungen

¹ **Mercurius**

C. G. Jung schreibt in seinem Buch *Psychologie und Alchemie (*Walter Verlag 1972) S. 337: „Spricht der Alchemist von Mercurius, so meint er äußerlich Quecksilber, innerlich aber den in der Materie verborgenen oder gefangenen weltschaffenden Geist."

² **Tausendundeine Nacht**

Der Titel der orientalischen Märchensammlung *Tausend-und-eine-Nacht* steht für ‚Vielheit und Einheit' (eine Einheit, die alles umfasst, eine Ganzheit); wir sind immer Vielheit und Einheit zugleich, und davon berichten die Märchen in ihrer Symbolsprache.

³ **Das viel ältere orientalische Märchen** aus Tausendundeine Nacht heißt *Die Erzählung vom armen Fischer und dem Geist in der Flasche* (Ausgabe Löwit 1,38-46, 129-136). Darin wird unter anderem erwähnt, dass der aus der Flasche entwichene Geist einst von König Salomo eingesperrt und im Meer versenkt worden sei, weil er sich gegen ihn aufgelehnt habe.

Neben dem Märchen aus *Tausendundeine Nacht* gibt es auch noch eine Sage *Paracelsus und der Teufel* (in *Die schönsten Sagen aus Wien*, S. 272) mit ähnlichem Thema. Darin wird berichtet, dass der berühmte alchemistische Arzt Paracelsus einen Teufel aus einem Baumloch befreite und als Dank dafür von ihm zwei Tinkturen erhielt, mit denen er Wunden heilen und Eisen in Gold verwandeln konnte. Paracelsus fragte nun den Dämon, wie er es geschafft habe, in das Loch hineinzukommen; jener merkte die Absicht nicht, machte sich klein und konnte so wieder eingesperrt werden.

Es gibt auch viele indische Geschichten, die von solch widerspenstigen Geistern, Dämonen erzählen, und wie der Mensch mit ihnen umzugehen hat. In der indischen Mythologie unterscheidet man zwischen den begrenzten Dämonen-Kräften, den Kindern der Mutter Diti, und den unbegrenzten Götter-Kräften, den Kindern der Mutter Aditi. Der Mensch ist das das Feld, der Kampfplatz, wo die begrenzten, dämonischen und die unbegrenzten göttlichen Kräfte (Geister) miteinander um die Herrschaft ringen.

Großer Geist wird wieder klein
Dieses Motiv erscheint auch im Märchen *Der Gestiefelte Kater*. Der gefürchtete Zauberer, der sich in große, gefährliche Tiere verwandeln kann, wird überlistet und dazu gebracht, sich in eine kleine Maus zu verwandeln, und kann so vom gestiefelten Kater gefressen werden.

⁴ **Alchemie**
Al ist ein arabischer Artikel, und *chem* (oder *kem, kême*) ist das ägyptische Wort für ,schwarz' oder ,schwarze Erde', womit die Ägypter ihr Land bezeichneten, aber auch den Urgrund allen Seins, die prima materia, aus der alles andere entsteht. Die schwarze fruchtbare Erde des Nildeltas, die so viel Getreidegold hervorbrachte, war der ursprüngliche Gegenstand der ,chemischen' Beschäftigung. ,Alchemie' könnte man auch mit ,die schwarze Kunst der Ägypter' übersetzen.
Das Wissen der Ägypter über die Verwandtschaft und Verwandelbarkeit chemischer Stoffe wurde von den Arabern (die Ägypten 640 n. Chr. besetzten) allmählich über Spanien nach Europa gebracht. Im Mittelalter wurde Alchemie zur Geheimwissenschaft. Durch eine Substanz, die man seit der Spätantike ,Stein der Weisen' nannte (lat. ,Lapis philosophorum', arab. ,El Iksir', daraus im Deutschen ,Elixier'), wurde versucht, nicht nur unedle Metalle (wie etwa Quecksilber oder Eisen) in Gold oder Silber zu verwandeln, sondern das Leben durch eine Art Universalmedizin, ein Arcanum vitae, zu verlängern.
Die Metallverwandlung war Ausdruck auch des Bestrebens, der Sehnsucht nach einer inneren Verwandlung. Die in die Alchemie eingeweihten Schüler pflegten es so auszudrücken: „Nur dem gelingt der ,Stein der Weisen', der ihn zuerst gemacht hat in sich selber."

⁵ **Das Ei**
Der ,Stein der Weisen' wurde unter anderem auch als Ei dargestellt, und der Name für das alchemistische Gefäß, in dem Merkur als Homunkulus auf seine Ausreifung wartet, wurde ,Ei des Philosophen' genannt.

⁶ **Der Geist im Glas verrät seinen Namen freiwillig**, doch erst als er merkt, dass der Student seine Drohung, ihn umzubringen, nicht ernst nimmt. Viele alte Geschichten erzählen davon, dass, wenn der Mensch den Namen einer

Kraft, eines Geistes kennt (was bedeutet, dass er sich der Kraft bewusst geworden ist), jener Geist seine Macht über ihn verliert. (Auch im Märchen *Rumpelstilzchen* muss die Königsfrau den Namen des ihr helfenden, aber sie auch bedrohenden Wesens herausfinden.)

7 Wendezeit um 500 v. Chr.

In *Ursprung und Gegenwart* schreibt der Kulturphilosoph Jean Gebser ausführlich über die Zeit um 500 vor Chr, in der das damals defizient gewordene mythische Bewusstsein von dem mentalen Bewusstsein abgelöst wurde. Und er sieht Parallelen zu unserer Zeit, die er auch als eine Epoche des Übergangs sieht: das heute defizient gewordene rational-mentale Bewusstseins wird von einem umfassenderen, intensiveren Bewusstsein abgelöst, Jean Gebser nennt es ‚integrales‘ Bewusstsein, Sri Aurobindo nennt es ‚supramentales‘ Bewusstsein.

8 Den Geist im Glas loslassen / freilassen

In diesem Zusammenhang sei noch erwähnt, wie wichtig es ist, Ich-Losigkeit, Ich-Stärke und Ich-Freiheit zu unterscheiden. Jean Gebser erläutert sie als drei verschiedene Bewusstseinsgrade, die sich im Laufe der Evolution im Menschen manifestiert haben, und er stellt diese zunehmende Bewusstwerdung ausführlich in seinem Hauptwerk *Ursprung und Gegenwart* dar. Noch heute durchläuft auch der einzelne Mensch in seiner Entwicklung verschiedene Bewusstseinsstufen: als Kind sind wir noch *ich-los*, der Erwachsene entwickelt *Ich-Stärke*, als gereifter Mensch sollten wir zur *Ich-Freiheit* gelangen. Die Ich-Stärke, so Jean Gebser, ist etwas Positives, Wichtiges. Wir brauchen diese Kraft, um in der Welt verantwortungsvoll zu wirken. Der ich-starke Mensch getraut sich z.B. nein zu sagen, wo andere einfach ich-los mit der Masse mitlaufen.

Es gibt viele Menschen, die Ich-Freiheit mit Ich-Losigkeit verwechseln. Sie bleiben ich-los, folgen z.B. willenlos einer Sekte, einer Partei, einer Doktrin etc.

Auf dem Weg der Ich-Findung und Ich-Stärke besteht natürlich auch die Gefahr einer ‚Ich-Verhärtung‘, die Gefahr, egozentrisch zu werden. Unsere Aufgabe ist es, zur Ich-Freiheit zu reifen, also frei über die Ich-Kraft verfügen zu können.

⁹ Doppelnatur des Mercurius

C. G. Jung schreibt in seinem Buch *Psychologie und Alchemie* (Walter Verlag 1972) S. 340: „Er ist Metall und doch flüssig, Stoff und doch Geist, kalt und doch feurig, Gift und doch Heiltrank, ein die Gegensätze einigendes Symbol." S. 87: „Als Merkur ist er der Sonne am nächsten, daher auch dem Golde am meisten verwandt. Als Quecksilber aber löst er das Gold auf und löscht damit dessen sonnenhaften Glanz aus. Durch das ganze Mittelalter hindurch war er daher der rätselvolle Gegenstand naturphilosophischer Spekulation: bald war er ein dienstbarer, hilfreicher Geist, bald war er der ‚servus fugitivus‘ (ein flüchtiger Sklave oder Hirsch), ein den Alchemisten zur Verzweiflung treibender, evasiver, täuschender und neckender Kobold, dessen mannigfache Attribute der Teufel mit ihm gemeinsam hat … In der alchemistischen Götterreihe ist er als ‚prima materia‘ der unterste und als ‚lapis philosophorum‘ der oberste. Der ‚spiritus mercurialis‘ ist der Führer (Hermes psychopompos) und der Verführer des Alchemisten; er ist dessen Glück und Verderben …"

Diese Doppelnatur der Substanzen, Wesenheiten und Kräfte finden wir auch bei den Neteru (Archetypen, Seelenkräften) der alten Ägypter dargestellt. Der Archetyp ‚Lehrer‘, Thot, wurde sowohl als Affe als auch als Ibis dargestellt. Als Affe symbolisiert er den immer beweglichen Geist, und als Ibis (der still, aber vollkommen aufmerksam im Wasser steht und auf den Fisch wartet) symbolisiert er die Intuition.

Die Kraft der ‚Wahrheit‘, Maat, wurde sowohl als Feder (das Leichteste) als auch mit einem Fußsockel (das Fundament von allem) dargestellt. Die ‚Zeit‘, der Shenring, wurde sowohl mit einem horizontalen Stab (die biologisch ablaufende, begrenzte Zeit) als auch mit einem Kreis (die Unendlichkeit, Ewigkeit) dargestellt.

Hinter diesen in Polaritäten dargestellten Symbolen steht die Erkenntnis, dass alle Kräfte und Substanzen von paradoxaler Art sind, so wie man das auch bei der Homöopathie erkannte.

Siehe dazu auch *Symbole sind schillernd* (S. 7).

Der Rattenfänger von Hameln

Im Jahr 1284 ließ sich zu Hameln ein wunderlicher Mann sehen. Er hatte einen Rock von vielfarbigem, buntem Tuch an, weshalben er *Bundting* soll geheißen haben, und gab sich für einen Rattenfänger aus, indem er versprach, gegen ein gewisses Geld die Stadt von allen Mäusen und Ratten zu befreien. Die Bürger wurden mit ihm einig und versicherten ihm einen bestimmten Lohn. Der Rattenfänger zog demnach ein Pfeifchen heraus und pfiff, da kamen alsobald die Ratten und Mäuse aus allen Häusern hervorgekrochen und sammelten sich um ihn herum. Als er nun meinte, es wäre keine zurück, ging er hinaus, und der ganze Haufen folgte ihm, und so führte er sie an die Weser; dort schürzte er seine Kleider und trat in das Wasser, worauf ihm alle die Tiere folgten und hineinstürzend ertranken.

Nachdem die Bürger aber von ihrer Plage befreit waren, reute sie der versprochene Lohn, und sie verweigerten ihn dem Manne unter allerlei Ausflüchten, so dass er zornig und erbittert wegging. Am 26. Juni auf Johannis- und Paulitag, morgens früh sieben Uhr, nach andern zu Mittag, erschien er wieder, jetzt in Gestalt eines Jägers, erschrecklichen Angesichts, mit einem roten, wunderlichen Hut, und ließ seine Pfeife in den Gassen hören. Alsbald kamen diesmal nicht Ratten und Mäuse, sondern Kinder, Knaben und Mägdlein vom vierten Jahr an in großer Anzahl gelaufen, worunter auch die schon erwachsene Tochter des Bürgermeisters war. Der ganze Schwarm folgte ihm nach, und er führte sie hinaus in einen Berg, wo er mit ihnen verschwand. Dies hatte ein Kindermädchen gesehen, welches mit einem Kind auf dem Arm von fern nachgezogen war, darnach umkehrte und das Gerücht in die Stadt brachte. Die Eltern liefen haufenweis vor alle Tore und suchten mit betrübtem Herzen ihre Kinder; die Mütter erhoben ein jämmerliches Schreien und Weinen. Von Stund an wurden Boten zu Wasser und Land an alle Orte herumgeschickt, zu erkundigen, ob man die Kinder oder auch nur etliche gesehen, aber alles vergeblich. Es waren im ganzen hundertunddreißig verloren. Zwei sollen, wie einige sagen, sich verspätet und zurückgekommen sein, wovon aber das eine blind, das andere stumm gewesen, also dass das blinde den Ort nicht hat zeigen können, aber wohl erzählen, wie sie dem Spielmann gefolgt wären; das stumme aber den Ort gewiesen, ob es gleich nichts gehört. Ein Knäblein war im Hemd mitgelaufen und kehrte um, seinen Rock zu holen, wodurch es dem Unglück entgangen; denn als es zurückkam, waren die andern schon in der Grube eines Hügels, die noch gezeigt wird, verschwunden.

(So lautet die von den Brüdern Grimm aufgezeichnete *Deutsche Sage* Nr. 245.)

Auch in dieser Geschichte kann ein psychologischer Gehalt gefunden werden. Die Stadt ist ein Symbol für ein Bewusstsein des Menschen, das sich ausschließlich mit der materiellen Seite des Lebens beschäftigt und die seelischen Bedürfnisse vernachlässigt. Bei solch einer veräußerlichten Lebensweise aber wird unser Inneres von etwas bedrängt, dessen Symbol hier die Ratten sind, das heißt, von sehr unangenehmen Kräften.

In früherer Zeit drangen Ratten ja gerne in die Wohnhäuser ein, fraßen Vorräte und beschmutzen vieles mit ihrem Kot.

Gibt es auch heute noch Rattendreck? Auf der psychologischen Ebene ist er überall in unserer Gesellschaft verbreitet: Wenn wir z.B. eine Zeitung lesen, so finden wir da fast auf jeder Seite Spuren von dem Schmutz solcher Ratten. Und wenn wir uns selbst beobachten, werden wir ihn auch in uns entdecken: unsere Sorgen, unsere kleinen Ängste, unsere schlechten Gefühle, das alles sind Kräfte, die oft unbemerkt in unser ‚Haus‘ (unser Sein) eindringen und an unserer psychologischen Substanz ‚nagen‘.
Jetzt kommt einer, der weiß, wie man diese dunklen Kräfte, diese inneren Schwierigkeiten vertreibt. Durch Pfeifenmelodien – helle Vibrationen, heilende, beseligende Schwingungen – werden wir befreit von den Sorgen, Nöten, Ängsten, die uns bedrängen.

Nun heißt es in der Geschichte: „Nachdem die Bürger aber von ihrer Plage befreit waren, reute sie der versprochene Lohn, und sie verweigerten ihn dem Manne unter allerlei Ausflüchten ..."

Wir nehmen gerne Hilfe an, wollen aber unsererseits nichts ‚bezahlen', nichts geben dafür, wollen keine Anstrengung machen, uns nicht bemühen, anders zu leben, uns selbst zu verändern. Auch nach solch schöner Erfahrung (dass einer gekommen ist und die Ratten mit ihrem Schmutz, die Plagen und Sorgen weggenommen hat) leben wir weiter in alten Gewohnheiten, in veräußerlichten Routinen.
Was geschieht nun? Der Rattenfänger kommt wieder und führt jetzt mit seinen Pfeifenmelodien die Kinder aus der Stadt hinaus in eine Höhle.

Was symbolisieren die Kinder in dieser Geschichte?

Sie sind ein Bild für zukünftige Möglichkeiten in uns, für neue Fähigkeiten, neue Realisationen. Doch wenn wir diesen ‚Kindern' nur ‚Äußerliches' als ‚Nahrung' anbieten, wenn wir ihnen eine ‚Erziehung' geben, die ganz auf das Materielle ausgerichtet ist, wenn wir nichts ändern wollen (weder in uns noch in der äußeren Umgebung), dürfen wir uns nicht wundern, wenn der Pfeifenspieler kommt und die Kinder von der ‚Straße', auf der sie spielen, in das Innere entführt, sie ‚verinnerlicht'. Die Stadt, Symbol für eine oberflächliche, veräußerlichte Lebensweise, ist nun ohne Zukunft und ohne Freude.
All die Dinge und Begebenheiten in dieser Geschichte – die Stadt, die Bewohner, die Ratten, die Kinder, die vom mysteriösen Flötenspieler in das Innere geführt werden – können als Bilder für Kräfte, für seelische Vorgänge, die sich in uns selbst abspielen, wahrgenommen werden.

Wer ist denn der Rattenfänger?

In der indischen Mythologie ist es Krishna, der mit seinem Flötenspiel die Gopis, die Hirtenmädchen, ein Symbol für unsere Seelenkräfte, zu sich zieht. Alle Völker kannten einen göttlichen Boten. Bei den Ägyptern war es Thot, bei den Griechen Hermes, bei den Römern Merkur, bei den

Germanen Irmin. Alle großen Lehrer der Menschheit – Laotse, Buddha, Sokrates, Jesus, Ramakrishna, Sri Aurobindo… – sind dieser Bote, dieser ‚Flötenspieler‘: Sie sind gekommen, um uns von den Ratten zu befreien, um uns von der Straße weg zu holen und in das Innere des Berges zu führen.

Natürlich ist dieser Bote auch in uns zu finden – als unser innerer Lehrer, unser Schutzengel, unser psychisches Wesen, als geheime Bewusstseinskraft, die vermittelt zwischen dem höchsten absoluten Göttlichen und dem sich in Entwicklung befindenden Wesen.

Der Rattenfänger, der in dieser Geschichte ganz banal als Gaukler dargestellt wird, kann also als großer Lehrer gesehen werden, der jedes Mal, wenn die Menschheit zu sehr nach außen, den materiellen Dingen, zugewandt lebt, uns nach innen ruft.

Der Herr Gevatter

Das ist ein seltsames Märchen; es liegt etwa auf der gleichen Ebene wie dasjenige von ‚Frau Trude' [1].

Ein armer Mann hatte so viele Kinder, dass er schon alle Welt zu Gevatter gebeten hatte, und als er noch eins bekam, so war niemand mehr übrig, den er bitten konnte. Er wusste nicht, was er anfangen sollte, legte sich in seiner Betrübnis nieder und schlief ein. Da träumte ihm, er sollte vor das Tor gehen und den ersten, der ihm begegnete, zu Gevatter bitten. Als er aufgewacht war, beschloss er, dem Traume zu folgen, ging hinaus vor das Tor, und den ersten, der ihm begegnete, bat er zu Gevatter. Der Fremde schenkte ihm ein Gläschen mit Wasser und sagte: „Das ist ein wunderbares Wasser, damit kannst du die Kranken gesund machen, du musst nur sehen, wo der Tod steht. Steht er beim Kopf, so gib dem Kranken von dem Wasser, und er wird gesund werden, steht er aber bei den Füßen, so ist alle Mühe vergebens, er muss sterben." Der Mann konnte von nun an immer sagen, ob ein Kranker zu retten war oder nicht, ward berühmt durch seine Kunst und verdiente viel Geld. Einmal ward er zu dem Kind des Königs gerufen, und als er eintrat, sah er den Tod bei dem Kopfe stehen und heilte es mit dem Wasser, und so war es auch bei dem zweiten Mal, aber das dritte Mal stand der Tod bei den Füßen, da musste das Kind sterben.

Der Mann wollte doch einmal seinen Gevatter besuchen und ihm erzählen, wie es mit dem Wasser gegangen war. Als er aber ins Haus kam, war eine so wunderliche Wirtschaft darin. Auf der ersten Treppe zankten sich Schippe und Besen, und schmissen gewaltig aufeinander los. Er fragte sie: „Wo wohnt der Herr Gevatter?" Der Besen antwortete: „Eine Treppe höher." Als er auf die zweite Treppe kam, sah er eine Menge toter Finger liegen. Er fragte: „Wo wohnt der Herr Gevatter?" Einer aus den Fingern antwortete: „Eine Treppe höher." Auf der dritten Treppe lag ein Haufen toter Köpfe, die wiesen ihn wieder eine Treppe höher. Auf der vierten

153

Treppe sah er Fische über dem Feuer stehen, die britzelten in der Pfanne, und backten sich selber. Sie sprachen auch: „Eine Treppe höher." Und als er die fünfte hinaufgestiegen war, so kam er vor eine Stube und guckte durch das Schlüsselloch, da sah er den Gevatter, der ein paar lange Hörner hatte. Als er die Türe aufmachte und hineinging, legte sich der Gevatter geschwind aufs Bett und deckte sich zu. Da sprach der Mann: „Herr Gevatter, was ist für eine wunderliche Wirtschaft in Eurem Hause? Als ich auf Eure erste Treppe kam, so zankten sich Schippe und Besen miteinander und schlugen gewaltig aufeinander los." „Wie seid Ihr so einfältig", sagte der Gevatter, „das waren der Knecht und die Magd, die sprachen miteinander." „Aber auf der zweiten Treppe sah ich tote Finger liegen." „Ei, wie seid Ihr albern! Das waren Skorzenerwurzeln." „Auf der dritten Treppe lag ein Haufen Totenköpfe." „Dummer Mann, das waren Krautköpfe." „Auf der vierten sah ich Fische in der Pfanne, die britzelten, und backten sich selber." Wie er das gesagt hatte, kamen die Fische und trugen sich selber auf. „Und als ich die fünfte Treppe heraufgekommen war, guckte ich durch das Schlüsselloch einer Tür, und da sah ich Euch, Gevatter, und Ihr hattet lange Hörner." „Ei, das ist nicht wahr." Dem Mann wurde angst, und er lief fort, und wer weiß, was ihm der Herr Gevatter sonst angetan hätte.

Es scheint, als seien hier zwei verschiedene Märchen kombiniert worden. Der erste Teil – mit dem Vater, der für sein neugeborenes Kind einen Paten sucht, welcher dann die Gabe des Heilens schenkt – wirkt wie eine Kurzfassung des Märchens ‚Der Gevatter Tod'. Der zweite Teil ist dann so abstrus, dass man vorsichtig werden muss.

Ja, sehr vorsichtig. Wahrscheinlich stammt dieses Märchen (sowie auch *Der Gevatter Tod* und *Frau Trude*) aus einer Zeit, wo das alte ‚Heidentum' noch da war, aber eine Christianisierung bereits stattfand. Gevatter ist ja ein altes Wort für Pate, und dieser ist bei der Taufe eines neugeborenen Kindes anwesend. Im Englischen nennt man ihn *godfather*, im Schweizerdialekt Götti (vom Wort Gott abgeleitet), was darauf hinweist, dass er ursprünglich bei der Erziehung des Kindes die Funktion eines geistigen (spirituellen) Lehrers einnahm.

Wer ist nun dieser Herr Gevatter? Ist das der Tod, so wie im andern Märchen ‚Der Gevatter Tod‘?

Ja. Es gibt keinen besseren spirituellen Lehrer als den Tod. Der Tod ist ja ein Durchgang, ein Tor zu neuem Leben. Und im Traum bekommt der Mann die Weisung, vor das Tor zu gehen. Tod und Geburt sind zwei Pole des Lebens. Auch in der mysteriösen Figur des Herrn Gevatters schimmern diese zwei Pole durch: Einerseits verfügt er über die Gabe des Heilens, er hat ein ‚wunderbares Wasser‘ das Wasser des Lebens (mit geweihtem Wasser wird ein Neugeborenes getauft, da bekommt man das ‚ewige Leben‘), andererseits liegen auf der Treppe zu ihm tote Finger und Totenschädel herum. Diese Doppeldeutigkeit ist typisch für Symbole – typisch auch für die alten Götter.

Ja, von Dagda, dem Schutzgott der Druiden, wird zum Beispiel gesagt, dass er der Gott der Magie und des Heilens, aber gleichzeitig auch der Gott des Todes und der Wiedergeburt war. Auch der griechische Gott Dyonisos ist einerseits ein Gott des Rausches, des Lebens, andererseits sagt Herkaklit: „Ein und derselbe aber sind Hades (Gott des Todes) und Dionysos.“
Was hat es denn nun zu bedeuten, dass der Herr Gevatter mit langen Hörnern gesehen wird?

Das hängt vielleicht mit dem alten Keltentum zusammen. Viele keltische Götter waren gehörnt, das drückt sich zum Teil schon in ihren Namen aus: In *Herne* klingt Horn, und *Cernunnos* heißt der Gehörnte. Herne und Cernunnos waren Götter der Natur, der Fruchtbarkeit, Beschützer der Tiere und allen Lebens. Auf dem keltischen Kessel von Gundestrup, den man in Dänemark fand, wird Cernunnos mit einem Geweih auf dem Kopf als ‚Herr der Tiere‘ [2] dargestellt. Solche Darstellungen können wir bereits in vorgeschichtlichen Fels- und Höhlenzeichnungen finden. Auch aus der Induskultur kennen wir Siegel aus dem 3.- 2. Jahrtausend v. Chr., auf denen Götterwesen mit langen Hörnern eingraviert sind. Zum Beispiel zeigt das berühmte Siegel von Mohenjo Daro einen ‚Herrn der Tiere‘, Pashupati genannt, in Yogasitzhaltung umringt von wilden Tieren, und auf seinem Kopf trägt er eine Art Krone mit zwei weit ausladenden, geschwungenen Hörnern [3].

Tierhörner wurden wohl sehr bewundert und als Ausdruck großer vitaler Kraft gesehen.

Auch als Ausdruck von majestätischer Würde und Schönheit.

Horn ist auch dauerhafter als viele andere Körperteile.

Ja. Jetzt, das französische Wort *cornu* heißt, dass du gehörnt bist, es kann aber auch bedeuten, dass du eine Hornhaut hast; die Cornea.

Sie wird bei uns als negatives Bild gebraucht, als ein Ausdruck für Unempfindlichkeit: Wenn du eine dicke Hornhaut hast, merkst du nichts.

Es gibt auch eine positive Bedeutung: Die Hornhaut symbolisiert Unver-wundbarkeit. Sie ist die Haut, die du immer wieder abstreifen kannst – so wie die Schlange sich häutet, ihre alte Haut ablegt.

Sie ist also ein Symbol für die Überwindung des Todes?

Ja. Bei Siegfried ist es die Drachenhaut: Nachdem er im Drachenblut gebadet hat, wird er unverwundbar. „Wer badet sich im Drachen-Born, dess' Leib wird fest, dess' Haut wird Horn, Ge'n jede Waff' ist er gefeit, Ge'n jede Fahr und jedes Leid", heißt es in der Siegfried-Sage. Seine Haut ist überall zu einer schützenden Hornhaut geworden, außer an einer kleinen Stelle an der Schulter, auf die ein Lindenblatt gefallen ist und verhindert hat, dass das Drachenblut dorthin gelangte. [4]

Nun will der Mann den Herrn Gevatter einmal besuchen, und dabei erlebt er in seinem Haus eine ‚wunderliche Wirtschaft‘. Und jedes Mal, wenn er nach ihm fragt, wird er angewiesen, eine Stufe höher zu gehen.

Auch der Weg zu keltischen Kultstätten führte viele Treppen hoch. Er geht sozusagen die Himmelsleiter nach oben, sowie auch das Mädchen, das zur Wahrheit (*Frau Trude* [1]) gelangen will.

Auf der untersten Stufe sieht der Mann Besen und Schippe, die sich streiten.

Es gibt eine Ebene in uns, wo alles als Kontrast, Zwist, Streit, Spannung empfunden wird.

Auf der zweiten Stufe sieht er tote Finger.

Im alten Ägypten bedeutete ein Finger eine Myriade, zehntausend – also eine sehr große Zahl. Zugleich wurde auf der ‚königlichen Elle‘ (dem Maßstab für das Bauen von Tempeln) mit Fingerbreiten – der kleinsten Maßeinheit – gemessen.

Nun wird hier gesagt, dass die Finger tot sind.

Es sind nur noch Messfinger, mathematische Finger.

Auf der dritten Treppe liegen Totenköpfe.
Bei primitiven Völkern waren ja Totenköpfe etwas Wichtiges. Wenn man einen Feind erschlagen hatte, wurde der Kopf im Hause aufbewahrt. Der sollte dem Sieger die Macht, die Kraft des Erschlagenen verleihen.

Es gibt auch alte Kulturen, in denen das Bewahren der Knochen als ein Zeichen der Liebe gilt. In Neuguinea nennt man eine Witwe ‚wahine evee‘, die ‚Frau mit den Knochen‘, weil sie die Knochen ihres Mannes als Halskette mit sich trägt. Da hat der Totenkopf keine negative Bedeutung.

Als in Polynesien die Gemahlin des letzten Königs von Raiatea starb, ließ er sie mumifizieren und bewahrte sie bei sich im Wohnraum auf.

Hatten die denn die Möglichkeit, jemanden zu mumifizieren?

Ja, ja, das kannten die Polynesier, das ist nicht so schwer. Der König liebte seine Frau sehr, und so saß sie dann also als Mumie weiterhin im Wohnraum auf einem der großen majestätisch wirkenden Korbsessel mit den geschwungenen Armlehnen, welche aus Wien eingeführt wurden. Europäische Walfischer brachten diese Stühle auf ihren leeren Schiffen mit in die Südsee, auf dem Rückweg nach Europa transportierten sie dann Walfleisch. Das war zur Zeit der Kolonisierung, da schickten die europäischen Mächte ihre Botschafter auf die Südseeinseln, um bei den alten Völkern für politische Schutzherrschaft zu werben. Diese Gesandten konferierten also mit dem König, und neben ihm saß die mumifizierte Frau. Da beschwerten sie sich alle, dass das nicht christlich sei. Der Totenkopf und der Tod werden ja in Europa negativ gesehen. Das war in alten Kulturen anders. Bei den alten Ägyptern z.B. findet man unter all den vielen Hieroglyphen nicht eine einzige mit einem Totenkopf.

Was hat es denn nun im Märchen zu bedeuten, dass auf der Treppe zum Gevatter tote Finger und Totenköpfe liegen?

Der Herr Gevatter sieht sie nicht als solche, er korrigiert den Mann: Was du als Finger gesehen hast, waren Korzianerwurzeln – das sind Schwarzwurzeln, auch Winterspargel genannt, weil sie frosthart sind – also etwas sehr Lebendiges. Und was du als Totenköpfe gesehen hast, waren Kohlköpfe. Nun gibt es eine französische Redewendung: „Les enfants naissent dans les choux", das heißt: „Die Kinder werden im Kohl geboren." Er sieht also Behälter von neuem Leben.

Und die Fische, die sich selber braten und dann auch selber auftragen?

Auch hier steckt ja eine Doppeldeutigkeit drin: sie sind tot und doch lebendig.

Wird damit vielleicht ein Vorgang ausgedrückt, der in der Natur überall zu sehen ist: durch das Energiefeuer wird etwas ‚gebraten', also verwandelt und gibt sich selbst dem Größeren hin – „sie tragen sich selber auf" und werden gegessen – sozusagen das kosmische Opfer, das überall stattfindet?

So kann man es deuten. Tod und Leben wurden in früheren Zeiten als ein Kreislauf gesehen, als etwas, das zusammengehörte, zyklisch immer wiederkehrte, so wie auch die Jahreszeiten. Später, im patriarchalen und aufkommenden mentalen Zeitalter, wurde der Kreis zerschnitten, Tod und Leben wurden getrennt, die zusammengehörenden Pole wurden zu Gegensätzen. Jedenfalls schimmert in diesem Märchen ein altes Wissen durch, das später wohl nicht mehr verstanden wurde. Zu Beginn ist ja auch von der alten Heilkunst die Rede. Es gab das alte heidnische Wissen, sofort erkennen zu können, ob einer sterben werde oder nicht. Ein Heiler ging nicht analytisch diagnostizierend vor, sondern er wusste, er sah: Diesen Kranken kann ich heilen, jenen nicht, denn seine Zeit, zu sterben ist gekommen.

Nun hat der Mann diese alte Heilkunst zwar vom Gevatter übernommen, aber auf der Treppe zu ihm sieht er bloß leblose Dinge; Besen und Schippe, die aufeinander einschlagen. Der Gevatter jedoch sieht Magd und Knecht, die miteinander sprechen – also etwas, das sich austauscht. Und was der Mann für tote Finger und Totenköpfe hält, sind für den Herrn Gevatter Zeichen, Behälter von neuem Leben. In diesen unterschiedlichen Betrachtungsweisen zeigen sich vielleicht zwei Bewusstseinsebenen. Und die neue kann die alte magische Struktur nicht mehr verstehen.

Als was er die sich selber bratenden und sich selber auftragenden Fische sieht, wird nicht gesagt.

Ja, das bleibt offen.

Und was er selbst ist, wird leider auch nicht gesagt. Denn als der Mann ihn mit zwei langen Hörnern sieht, sagt der Gevatter nur: „Ei, das ist nicht wahr."

Das sind eben keine Hörner, sondern das sind ‚Antennen'. Auf demselben Missverständnis beruht ja auch die Darstellung von Moses. Michelangelo hat ihn mit zwei Hörnern in Stein gehauen. Auf alten Holzschnitten und Gemälden wird er mit zwei Lichtstrahlen, die aus dem Kopf herauskommen, abgebildet, doch in einer Plastik kann man das natürlich nicht darstellen, und so hat Michelangelo zwei kleine Bockshörnchen aus dem Kopf herausragen lassen. [5]

Dann kann man die Hörner auch als eine Art subtiles Empfangsorgan deuten, als eine Fähigkeit der Intuition [6]?

Ja.

Merkwürdig ist, dass der Herr Gevatter sich vor dem Mann verbirgt. Es heißt im Märchen: „Er legt sich schnell aufs Bett und deckt sich zu, als der Mann ins Zimmer kommt."

Vielleicht will er nicht zeigen, wer er ist. Das magisch-mythische Wissen ist oft von einer geheimnisvollen, mysteriösen Kraft durchdrungen. Es wird dem Mann unheimlich und er flüchtet. Wenn er da geblieben wäre, hätte er vielleicht manches erfahren können.
Doch das bleibt im Dunkeln. Was das Märchen aussagt, bleibt für uns mysteriös.

Haben im aufkommenden Christentum – im aufkommenden mentalen Zeitalter – die alten Symbole zusehends ihre einstige Wirksamkeit, ihre Lebendigkeit verloren?

Mit der Herabwertung der Tiere im aufkommenden Christentum wurden viele Symbole, vor allem Tiersymbole, ins Negative verdreht. Die Hörner eines indischen Gottes Pashupati, eines keltischen Cernunnos oder Herne, eines griechischen Gottes Pan oder einer ägyptischen Göttin Hathor werden von uns eher belächelt als tierische Attribute von Naturgöttern. Im Christentum hat nur der Teufel Hörner.

Anmerkungen

[1] **Frau Trude** ist der Titel des Grimms Märchen, interpretiert von Medhananda in Band I.

[2] **Der Herr der Tiere**

Das Mythologem eines schützenden ‚Herrn der Tiere‘ entstand wohl überall, wo in der Jäger- und beginnenden Ackerbaukultur der Mensch Tiere töten musste, um seinen Hunger zu stillen, und er sich in die Opfer hineinversetzte, sich mit ihnen identifizierte. Der innere Konflikt verlangte nach einer Lösung, die mit dem Archetypus einer schützenden Macht für die Tiere beantwortet wurde. Siehe auch Herbert Stein, *Der Weg der Bilder* und Erich Hofstetter, *Der Herr der Tiere im alten Indien*

[3] **Hörner auf dem Kopf**

Der keltische Gott Cernunnos (abgebildet auf dem silbernen, keltischen Kessel von Gundestrup, siehe Bild S. 162) mit einem Geweih auf dem Kopf, ist (wie Herne in Britannien) der Schutzgott des Waldes, der Herr und Hüter der Tiere. Inschriften oder bildliche Darstellungen von ihm wurden in Gallien, Teilen Spaniens und Norditaliens gefunden.

Schon viel früher, z.B. auf der Felszeichnung im Val Camonica, wurde eine Geweih-Gottheit dargestellt – mit erhobenen Armen, Ring und Schlange (siehe Bild S. 163) Diese Geweih-Gottheit (sie könnte auch weiblich gedeutet werden, denn es gibt auch eine Herrin der Tiere, die Göttin der Natur, die kosmische Göttin des Sternenhimmels) ist etwa viermal größer als die bei ihr stehenden (eingeritzten) Menschenfiguren.

Spuren eines ‚Herrn der Tiere‘ führen bis nach Rumänien und weiter bis Indien, wo er Pashupati genannt wird. Das ist ein Beiname des indischen Gottes ‚Shiva‘ und bedeutet ‚Herr (oder Hüter, Vater) des Viehs‘ (Pashu = Vieh). Im symbolischen Sinn heißt dieser Name auch ‚Herr (oder Hüter) der Seelen‘ (so wie auch wir vom ‚guten Hirten‘ reden, der seine Schafe, seine Seelen hütet, ein Symbolbild, das – wie auch jenes der Gänsemagd – aus dem alten Ägypten kommt). Der Psychotherapeut Herbert Stein schreibt in seinem Buch *Der Weg der Bilder* (*Psychoanalytische Kulturtherapie*, Shaker Media 2008), dass die Induskultur über alte Handels- und Schiffswege auch europäische Gebiete beeinflusst haben könnte. Auffallend ist jedenfalls die

Ähnlichkeit der gehörnten Figur (Pashupati) auf dem berühmten Siegel von Mohenjo Daro aus der Induskultur (siehe S. 163) mit jener auf dem keltischen Kessel von Gundestrup (auch die Sitzhaltung).
Nebst dem Geweihgott gab es innerhalb der keltischen Kultur auch gehörnte Stier-, Bocks- und Widder-Götter.

[4] **Siegfried** ist ein Held in der germanischen Siegfried-Sage (diese ist Bestandteil des Nibelungenliedes).

[5] **Moses gehörnt**
Das hebräische Verb ‚qāran‘ wurde in der lateinischen Bibel mit cornuta = ‚gehörnt‘ übersetzt, später mit coronata = ‚gekrönt, strahlend‘. (Die Korona, die Lichtausstrahlung eines Menschen wurde im Mittelalter als Heiligenschein dargestellt.) Im 2. Buch Moses, Ex 34,29 heißt es, dass Moses' Antlitz ‚ausstrahlte‘. Dieses ‚Strahlen‘ habe den Israeliten Furcht eingeflößt und Moses dazu veranlasst, sein Gesicht mit einem Tuch zu bedecken.
Die Plastik von Michelangelo steht in der Kirche San Pietro in Vincoli in Rom.

[6] Medhananda schreibt in *Der Weg des Horus* (Kapitel „Kronen der Psychosynthese"), dass Tierhörner ein Eindringen, ein Durchstoßen in eine höhere Ebene der Wahrnehmung symbolisieren können.

Keltischer Gott Cernunnos
auf dem Kessel von Gundestrup,
Kopenhagen, Dänemark

Keltischer Gott Cernunnos, Detail

Herr der Tiere, Pashupati, Induskultur,
Mohenjo Daro, Pakistan,
3. Jahrtausend v. Chr.

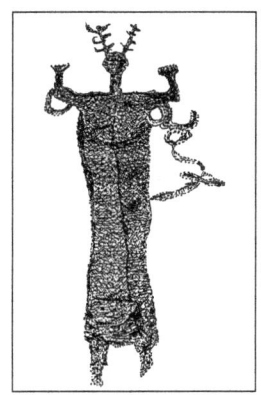

Felszeichnung Val Camonica,
Italien

Höhlenzeichnung,
Cueva de los Letreros, Spanien

163

Der Teufel und seine Großmutter

In diesem Märchen muss ein Rätsel gelöst werden. Die Geschichte fängt
so an:

Es war ein großer Krieg, und der König hatte viel Soldaten, gab ihnen
aber wenig Sold, so dass sie nicht davon leben konnten. Da taten sich drei
zusammen und wollten ausreißen. Einer sprach zum andern: „Wenn wir
erwischt werden, so hängt man uns an den Galgenbaum. Wie wollen wir's
machen?" Sprach der andere: „Seht dort das große Kornfeld, wenn wir uns
da verstecken, so findet uns kein Mensch: das Heer darf nicht hinein und
muss morgen weiterziehen." Sie krochen in das Korn, aber das Heer zog
nicht weiter, sondern blieb rundherum liegen. Sie saßen zwei Tage und zwei
Nächte im Korn und hatten so großen Hunger, dass sie beinahe gestorben
wären; gingen sie aber heraus, so war ihnen der Tod gewiss.
Da sprachen sie: „Was hilft uns unser Ausreißen, wir müssen hier elendig
sterben." Da kam ein feuriger Drache durch die Luft geflogen, der senkte
sich zu ihnen herab und fragte sie, warum sie sich da versteckt haben. Sie
antworteten: „Wir sind drei Soldaten und sind ausgerissen, weil unser Sold
gering war; nun müssen wir hier Hungers sterben, wenn wir liegen bleiben,
oder wir müssen am Galgen baumeln, wenn wir heraus gehen." – „Wollt ihr
mir sieben Jahre dienen", sagte der Drache, „so will ich euch mitten durchs
Heer führen, dass euch niemand erwischen soll." – „Wir haben keine Wahl
und müssen es annehmen", antworteten sie.
Da packte sie der Drache in seine Klauen, führte sie durch die Luft über
das Heer hinweg und setzte sie weit davon wieder auf die Erde; der Drache
war aber niemand als der Teufel. Er gab ihnen ein kleines Peitschchen
und sprach: „Peitscht und knallt ihr damit, so wird so viel Geld vor euch
herumspringen, wie ihr verlangt. Ihr könnt dann wie große Herrn leben,
Pferde halten und in Wagen fahren; nach Verlauf der sieben Jahre aber seid
ihr mein eigen." Dann hielt er ihnen ein Buch vor, in dem mussten sie alle
drei unterschreiben. „Doch will ich euch", sprach er, „erst noch ein Rätsel

aufgeben, könnt ihr das raten, sollt ihr frei sein und aus meiner Gewalt entlassen.“

Dieser Pakt mit dem Teufel, dem man sozusagen seine Seele verschreibt, aus dessen Gewalt man sich aber mit der Lösung eines Rätsels befreien kann – wie soll man das verstehen?

Wenn wir den Teufel mit dem analytischen Denken gleichsetzen, so führt uns dieses zwar zu einem angenehmen, reichen Leben voller Wohlstand, es kann uns aber nicht wirklich frei und glücklich machen. Von morgens bis abends nimmt es uns in Besitz, peinigt uns oft, lässt uns nur an die Zukunft oder Vergangenheit denken; wir dienen ihm ununterbrochen, haben ihm sozusagen unsere Seele verschrieben. Um uns aus seiner Macht zu befreien, müssen wir ein Rätsel lösen.

Um welches Rätsel es sich handelt, wird hier noch nicht gesagt.

Das Rätsel sind immer wir selbst. „Wer bist du?“, ist die große Frage, die der Teufel dir stellt, und auf die du eine Antwort finden musst. Wenn du dieses Rätsel lösen kannst, bist du dem entzweienden Denken nicht mehr ausgeliefert. Teufel heißt im Griechischen ja Diabolos: ‚in zwei Teile werfen‘.

Wir müssen also über das analytische Denken hinauswachsen?

Du musst herausfinden, wer du bist! Auch im alten Ägypten muss derjenige, der in die Ewigkeit eingelassen werden will, ein Rätsel lösen. Thot – er symbolisiert den Archetypus des inneren, weisen Lehrers [1] – stellt dem Verstorbenen, bevor er ihm das Tor zur Ewigkeit öffnet, die Frage:

Was ist das für ein Haus,
dessen Fundament Wasser ist,
dessen Wände Schlangen sind,
und dessen Dach Feuer ist?

Wenn du dich nicht mehr als Partikel sondern als eine ewige Welle siehst, kannst du antworten: Dieses Haus bin ich! Mein Fundament ist etwas Fließendes, Vibrierendes. Und was es stützt und zusammenhält, sind die Energien, die Bewegungen des Bewusstseins. Und meine Höhe ist das Licht, das Feuer der Aspiration, das mich transzendiert.

Wer sich so sieht, dem steht das Tor zur Ewigkeit offen – der hat das Rätsel des Thot gelöst.

Er sieht sich nicht mehr als Körper, sondern als Energie.

Ja.

In diesem Märchen ist es nicht Toth, der Affe, sondern der Teufel, der das Rätsel aufgibt ...

… der Teufel als feuriger Drache – auch ein Bild für Energie. Der Drache hat bei uns zweierlei Bedeutungen: Als riesiges Schlangentier mit zahlreichen Köpfen symbolisiert er unser mächtiges Ego, mit dem der Held kämpft, um die Prinzessin (unsere Seele) zu befreien. Daneben gibt es aber auch den Glücksdrachen, den Himmelsdrachen, den die Kinder im Herbstwind fliegen lassen, der ganz leicht ist, und auf dem in China die große Mutter Kuan Yin durch die Lüfte reitet. [2]

> Da flog der Drache von ihnen weg, und sie reisten fort mit ihren Peitschchen, hatten Geld in großer Fülle, ließen sich Herrenkleider machen und zogen in der Welt herum. Wo sie waren, lebten sie in Freuden und Herrlichkeit, fuhren mit Pferden und Wagen, aßen und tranken, taten aber nichts Böses. Die Zeit verstrich ihnen schnell und als es mit den sieben Jahren zu Ende ging, ward zweien gewaltig angst und bang, der dritte aber nahm es auf die leichte Schulter und sprach: „Brüder, fürchtet nichts, ich bin nicht auf den Kopf gefallen, ich errate das Rätsel."

Wer das Rätsel lösen will, darf sich nicht fürchten. Zwei Soldaten sind wie gelähmt vor Angst, der Dritte aber, der leichten Herzens und voll Vertrauen ist, weiß, dass er das Rätsel lösen wird.

Sie gingen hinaus aufs Feld, saßen da, und die zwei machten betrübte Gesichter. Da kam eine alte Frau daher …

Diese alte Frau kennen wir bereits aus vielen andern Märchen.

… die fragte, warum sie so traurig seien. „Ach, was liegt Euch daran, Ihr könnt uns doch nicht helfen." – „Wer weiß", antwortete sie, „vertraut mir nur euren Kummer."

Da erzählten sie ihr, sie seien des Teufels Diener gewesen, fast sieben Jahre lang, der habe ihnen Geld wie Heu geschafft, sie hätten sich ihm aber verschrieben und seien ihm verfallen, wenn sie nach den sieben Jahren nicht ein Rätsel auflösen könnten. Die Alte sprach: „Soll euch geholfen werden, so muss einer von euch in den Wald gehen, da wird er an eine eingestürzte Felsenwand kommen, die aussieht wie ein Häuschen, in das muss er eintreten, dann wird er Hilfe finden." Die zwei traurigen dachten: „Das wird uns doch nicht retten", und blieben sitzen, der dritte aber, der lustige, machte sich auf und ging so weit in den Wald, bis er die Felsenhütte fand. In dem Häuschen aber saß eine steinalte Frau …

Die Hagia Sophia, die uralte Weisheit [3].

… die war des Teufels Großmutter …

Die große Mutter aller Wesen, auch des Teufels.

… und fragte ihn, woher er käme und was er hier wollte. Er erzählte ihr alles, was geschehen war, und weil er ihr wohl gefiel …

Er ist ja auch ihr Kind.

… hatte sie Erbarmen und sagte, sie wolle ihm helfen.

Wahrscheinlich stellen die alte Frau, die helfend den Weg wies, und die steinalte Frau im Hause die gleiche Symbolfigur dar.

Ja. Bei ihr kann man das Wissen finden. Wer das Rätsel der Welt lösen will, muss sich aufmachen – und eintreten in ihr Haus.

Sie hob einen großen Stein auf, der über einem Keller lag, und sagte: „Da verstecke dich, du kannst alles hören, was hier gesprochen wird, sitz nur still und rege dich nicht; wenn der Drache kommt, will ich ihn wegen der Rätsel befragen. Mir sagt er alles; und dann achte auf das, was er antwortet." Um zwölf Uhr nachts kam der Drache angeflogen und verlangte sein Essen. Die Großmutter deckte den Tisch und trug Trank und Speise auf, dass er vergnügt war, und sie aßen und tranken zusammen. Da fragte sie ihn im Gespräch, wie es den Tag ergangen sei und wie viele Seelen er gekriegt hätte.

„Es wollte mir heute nicht recht glücken", antwortete er, „aber ich habe drei Soldaten gepackt, die sind mir sicher." – „Ja, drei Soldaten", sagte sie, „die haben etwas an sich, die können dir noch entkommen." Sprach der Teufel höhnisch: „Die sind mein, denen gebe ich noch ein Rätsel auf, das sie nimmermehr raten können." – „Was ist das für ein Rätsel?" fragte sie. „Das will ich dir sagen:

In der großen Nordsee liegt eine tote Meerkatze, das soll ihr Braten sein;
und von einem Walfisch die Rippe, das soll ihr silberner Löffel sein;
und ein alter hohler Pferdefuß, das soll ihr Weinglas sein."

Ein sonderbares Rätsel!

Als der Teufel zu Bett gegangen war, hob die alte Großmutter den Stein auf und ließ den Soldaten heraus. „Hast du auch alles wohl in Acht genommen?" – „Ja", sprach er, „ich weiß genug und will mir schon helfen." Darauf musste er auf einem anderen Weg durchs Fenster heimlich und in aller Eile zu seinen Gesellen zurückgehen.

Er erzählte ihnen, wie der Teufel von der alten Großmutter überlistet worden sei und wie er die Auflösung des Rätsels von ihm vernommen habe. Da waren sie alle fröhlich und guter Dinge, nahmen die Peitsche und schlugen sich so viel Geld, dass es auf der Erde herum sprang. Als die sieben Jahre völlig herum waren, kam der Teufel mit dem Buche, zeigte die Unterschriften und sprach: „Ich will euch mit in die Hölle nehmen, da sollt ihr eine Mahlzeit haben. Könnt ihr mir aber raten, was ihr für einen Braten zu essen kriegen werdet, so sollt ihr frei und los sein und dürft auch das Peitschchen behalten." Da fing der erste Soldat an: „In der großen Nordsee liegt eine tote Meerkatze, das wird wohl der Braten sein." Der Teufel ärgerte sich, machte: „Hm! hm! hm!" und fragte den zweiten: „Was soll aber euer Löffel sein?" – „Von einem Walfisch die Rippe, das soll unser silberner Löffel sein." Der Teufel schnitt ein Gesicht, knurrte wieder dreimal: „Hm! hm! hm!" und sprach zum dritten: „Wisst ihr auch, was euer Weinglas sein soll?" – „Ein alter Pferdefuß, das soll unser Weinglas sein." Da flog der Teufel mit einem lauten Schrei fort und hatte keine Gewalt mehr über sie; aber die drei behielten das Peitschchen, schlugen Geld hervor, soviel sie wollten, und lebten vergnügt bis an ihr Ende.

Wie soll man nun dieses Rätsel verstehen? Der Teufel lädt zu einer Mahlzeit ein, und eine tote Meerkatze soll der Braten sein!
Es gibt eine Affenart, die Meerkatze genannt wird, doch warum, weiß ich nicht.

Der Affe ist von weit her übers Meer nach Europa gekommen. Für die alten nördlichen Völker, die keine Affen kannten, war das eine Katze. [4]

Eine tote Meerkatze in der Nordsee, so wird uns im Märchen erzählt. Die Nordsee kann ja einfach als das große Meer gesehen werden.

Ja, das ist nicht geografisch gemeint. Jetzt denk mal an den Affen in Ägypten!

Könnte die Meerkatze ein anderes Bild für Toth sein, den großen Lehrer?

Von seinem Wissen ernährst du dich; was der innere Lehrer dich wissen lässt, musst du essen, absorbieren (bewusst werden lassen in dir).

Aber warum ist die Meerkatze tot?

Damit du sie essen kannst.

Und warum liegt diese Meerkatze im großen Meer?

Ja, wo soll das Wissen sonst herkommen. Alles Wissen kommt aus dem Fließenden, dem Wellenreich, dem vibrierenden Reich!

Und was bedeutet der Löffel aus der Rippe eines Walfisches?

Hast du schon einmal einen Blauwal gesehen? [5] Im Museum füllt sein ausgestelltes Geripp einen ganzen Raum aus. Der Walfisch ist ein Bild für das Weltall. Der Löffel ist riesengroß, damit man mit ihm das unermessliche Wissen auslöffeln kann.

Aha, darauf wird angespielt.
Und was soll der Pferdefuß, der bei uns ja ein Merkmal des Teufels ist.

Denkt man an ein trabendes Pferd, das seine Schrittmuster immer und immer wiederholt, so kann man verstehen, dass der Pferdefuß im alten Ägypten das Symbol der Wiederholung, der ständigen Wiederkehr geworden ist. Die Gewissheit dieser ständigen Wiederkehr – von allem Seienden und auch von uns – bedeutet Seligkeit. Im Märchen drückt sich das auch darin aus, dass der Pferdefuß ein Weinbecher ist; Wein ist ein altes Symbol für Freude, Seligkeit. [6]

Du isst das Wissen mit Hilfe des ganzen Weltalls und erneuerst dich ständig in diesem Weltall, und das ist deine Seligkeit.

So kann man es sehen.
Und wie kommen die Soldaten dazu, diese Rätselfragen beantworten zu können? Wo vernehmen sie das Wissen dazu, wie ,erfahren' sie es? Im Hause der großen Mutter, die ja selber das Weltall ist!

Man mag sich fragen, ob diese tiefe Symbolik dem Begründer des Märchens bewusst war.

Das spielt an sich keine Rolle. Die Märchen entstehen ja meist aus dem Traumbereich, aus einem tieferen Bereich des Wissens. Man kann sie auf verschiedenen Ebenen unseres Seins und Bewusstseins interpretieren. Wenn wir dem Erzählstoff eine tiefere, höhere oder weitere Dimension geben, so kann uns das helfen, aus unserer Enge, aus unserer Dinglichkeit und Begrenztheit herauszukommen. Insofern wachsen wir an den Märchen, und die Märchen wachsen mit uns.

Anmerkungen

[1] Thot

Wir mögen uns fragen, wie es dazu kam, dass die alten Ägypter den Archetypus des inneren Lehrers mit einem Affen symbolisiert haben. Medhananda ist dieser Frage in *Archetypen der Befreiung* nachgegangen. Hier nur einige Hinweise dazu: Ein Merkmal des Affen ist seine Leichtigkeit, sein Humor und seine spielerische Art. Er gibt keine Dogmen, Gesetze, hält keine Moralpredigten. Während das vordergründige Ich sich sehr wichtig nimmt und voller Ernst und Schwere ist, werden wir durch den inneren Lehrer leicht, weit, experimentier- und lernfreudig, betrachten uns und die Welt spielerisch, heiter, leben in der Gegenwart, in der Freude. Was die Evolution anbelangt, ist der Affe älter als wir, er ist uns vorangegangen. Als guter Kletterer ist er ein Meister des Gleichgewichts und zeigt uns, wie dieses in allen Lebenssituationen zu halten ist; so wurde Thot (der in seinem polaren Aspekt als der im Wasser, im ‚Wellenreich' stehende, wachsam beobachtende Ibis dargestellt wird) zum Lehrer auch des inneren Gleichgewichts, des Gleichmuts, der Gelassenheit.

[2] Drache

In der westlichen Mythologie versucht man, den Drachen zu bekämpfen und zu töten, in der östlichen Mythologie, auf ihm zu reiten. Auf einer Energie reiten zu können, bedeutet, dass wir diese Kraft mit Liebe domestiziert, gezähmt haben und nun Meister über sie geworden sind, dass sie uns nun dient und im richtigen Moment zur Verfügung steht.

[3] Hagia Sophia heißt griechisch *heilige Weisheit*, inneres Wissen, Gnosis. Sie wurde als weibliche Kraft gesehen und als ein Aspekt der großen Mutter verehrt (siehe auch Anmerkung 2 von *Die wahre Braut*, S. 29).

[4] Meerkatze

Seit dem 11. Jahrhundert ist das althochdeutsche Wort Merikazza, später Meerkatze als Name für eine afrikanische Affenart bekannt, die südlich der Sahara lebt. Man nimmt an, dass der Name daher kommt, dass die so genannten Affen Katzen ähneln und mit dem Menschen über das Meer nach

Europa gekommen sind. Es gibt aber auch die Vermutung, dass sich das Wort von dem Sanskritnamen, ‚markata‘, das ‚Affe‘ heißt, ableitet. (Im Englischen heißen andere Tiere, nämlich die Erdmännchen, ‚meerkat‘.)

[5] Der Blauwal ist das größte Lebewesen der Erde. Das Herz eines erwachsenen Tieres hat die Größe eines Kleinwagens und seine Zunge das Gewicht eines Elefanten. Er frisst pro Tag 4-6 Tonnen Krill (das sind ca. 40 Mio. der etwa 2 cm großen Kleinkrebse). Das weltweit einzige freihängende Exemplar eines Blauwal-Skeletts ist im Beaty Biodiversity Museum in Vancouver ausgestellt.

[6] **Pferdefuß**

Der Pferdefuß mit dem Ankh bedeutete im alten Ägypten ‚Wiederholung des Lebens‘, ‚wieder und wieder leben‘. Bei den alten nordischen Völkern erschien dasselbe Symbol: Wotans Pferd Sleipnir hatte acht Beine, sie symbolisierten acht Wege der Erneuerung. Im Mittelalter wurde der Pferdefuß zum Attribut des Teufels, die christliche Theologie verneinte eine ‚Wiederholung des Lebens‘.

Die Einladung zum Festmahl

Die Aufforderung zum ‚Essen‘ (Absorbieren) eines Wissens (der Gnosis) und zum ‚Trinken‘ der Seligkeit können wir immer wieder in Märchen, Mythen und Gleichnissen – in der für die damalige Zeit typischen Symbolsprache ausgedrückt – antreffen.

Im alten Ägypten war Wissen Identifikation mit dem Allwissen, dem Unendlichen. Es wurde mit den Hieroglyphen ‚schwingende Saite‘ und ‚dunkle, verschleierte Sonne‘ dargestellt.

Dies macht klar, was die alten Ägypter mit ‚Wissen‘ meinten:

ein Erkennen, ein Wahrnehmen (Absorbieren) der verborgenen, vibrierenden Wirklichkeit (der Schwingungen) hinter den Schleiern der Erscheinungen, auch hinter den Schleiern deiner selbst).

Die drei Federn

In diesem Märchen – wie in so vielen anderen – treffen wir viele Symbole an, die bis in das alte Ägypten zurückführen, und wenn wir ihre Bedeutungen kennen, hilft uns das, die psychologische Lehrbotschaft, die auch in dieser Geschichte enthalten ist, besser zu verstehen.

> Es war einmal ein König, der hatte drei Söhne, davon waren zwei klug und gescheit, aber der dritte sprach nicht viel, war einfältig und hieß nur der Dummling. Als der König alt und schwach ward und an sein Ende dachte, wusste er nicht, welcher von seinen Söhnen nach ihm das Reich erben sollte.

Der König ist unser Ich, unsere vordergründige Person, und die Söhne symbolisieren drei Seinsweisen des Menschen: unser mentales, vitales und physisches Sein und Funktionieren. Sie symbolisieren aber auch drei Typen von Menschen; den mentalen, denkenden Typ, den vitalen, tüchtigen Typ, und den ganz auf seinen Körper eingestellten Menschen. Der Körper wird als Dummling betrachtet, obwohl gerade er über ein enormes Wissen verfügt und hochkomplexe Aufgaben bewältigen kann. Er steht dem Seelischen viel näher als unsere mentalen und vitalen Kräfte, die sich gerne selbständig machen und sich als dem Körper überlegen vorkommen.

> Da sprach er der König zu ihnen: „Zieht aus, und wer mir den feinsten Teppich bringt, der soll nach meinem Tod König sein." Und damit es keinen Streit unter ihnen gab, führte er sie vor sein Schloss, blies drei Federn in die Luft und sprach: „Wie die fliegen, so sollt ihr ziehen." Die eine Feder flog nach Osten, die andere nach Westen, die dritte flog aber geradeaus, und flog nicht weit, sondern fiel bald zur Erde. Nun ging der eine Bruder rechts, der andere ging links, und sie lachten den Dummling aus, der bei der dritten Feder, da, wo sie niedergefallen war, bleiben musste. Der Dummling setzte

sich nieder und war traurig. Da bemerkte er auf einmal, dass neben der Feder eine Falltüre lag. Er hob sie in die Höhe, fand eine Treppe und stieg hinab.

Die Feder war im alten Ägypten ein Sinnbild für Wahrheit und Führung, dargestellt mit Maat. [1] Wahrheit lässt sich nicht definieren, nicht in eine Formel pressen. Wir können sie nicht ,haben', aber wir können sie ,sein'. So wie es verschiedene Federn gibt – jedes Vogelfederkleid ist individuell –, so gibt es viele Wahrheiten. Jeder Mensch soll seine indivi-duelle Wahrheit verwirklichen. Wenn wir mit ihr im Einklang sind, und unserem wahren Programm folgen, macht uns das seelisch leicht – wie eine Feder. Nicht jedem gelingt das. Die Wege der beiden älteren Brüder führen zwar weit in die Welt hinaus, aber beide bleiben an der Oberfläche ihres Wesens, wie wir noch sehen werden.

Das erinnert an eine Aussage von Jesus: „Wer die Welt erkennt, doch es versäumt, sich selbst zu erkennen, dem fehlt alles". [2]

Ja, so geht es den beiden älteren Brüdern. Die Feder des Jüngsten fliegt nicht weit, aber sie führt ihn in die eigene Tiefe, da wo die wahren, verborgenen Schätze zu finden sind.

Da kam er vor eine andere Türe, klopfte an und hörte, wie es inwendig rief:

„Jungfer grün und klein,
Hutzelbein,
Hutzelbeins Hündchen,
Hutzel hin und her,
lass geschwind sehen, wer draußen wär."

Die Türe tat sich auf, und er sah eine große dicke Itsche (Kröte) sitzen und rings um sie eine Menge kleiner Itschen. Die dicke Itsche fragte, was sein Begehren wäre.

Die Kröten- oder Froschmutter, eine Art Urmutter, die als Amphibium aus dem Wasser – dem Wellenreich – kommt und nach Belieben wieder dorthin zurückkehrt, war im alten Ägypten ein Sinnbild für Wandlung und Zauberkraft und wurde mit der froschköpfigen HEKET dargestellt [3]. Sie war bei der Bildung des Kindes im Mutterleib dabei und half als ‚Entbinderin‘ bei der Geburt. Sie symbolisierte Entstehen, Veränderung, Übergang, Transformation – auch im psychologischen Sinne. Diesen mütterlich-magischen Urkräften begegnet der Prinz nun in seiner eigenen Tiefe und äußert seinen Wunsch.

> Er antwortete: „Ich hätte gerne den schönsten und feinsten Teppich." Da rief sie eine junge und sprach:

> „Jungfer grün und klein,
> Hutzelbein,
> Hurzelbeins Hündchen,
> Hutzel hin und her,
> bring mir die große Schachtel her."

> Die junge Itsche holte die Schachtel, und die dicke Itsche machte sie auf und gab dem Dummling einen Teppich daraus, so schön und so fein, wie oben auf der Erde keiner konnte gewebt werden. Da dankte er ihr und stieg wieder hinauf. Die beiden andern hatten aber ihren jüngsten Bruder für so albern gehalten, dass sie glaubten, er würde gar nichts finden und aufbringen. „Was sollen wir uns mit Suchen groß Mühe geben," sprachen sie, nahmen dem ersten besten Schäfersweib, das ihnen begegnete, die groben Tücher vom Leib und trugen sie dem König heim. Zu derselben Zeit kam auch der Dummling zurück und brachte seinen schönen Teppich, und als der König den sah, staunte er und sprach: „Wenn es dem Recht nach gehen soll, so gehört dem jüngsten das Königreich."

Auch den Teppich müssen wir psychologisch verstehen. Im alten Ägypten war er ein Sinnbild für Weisheit: SIA trägt ihn stets auf dem Kopf [4]. Ein von Weisheit erfüllter Mensch betrachtet eine Lebenssituation, ein Problem oder eine Aufgabe immer von verschiedenen Seiten und auch von weit oben. Er untersucht nicht nur die einzelnen Knoten oder Fäden, sondern versucht, das ganze Teppichmuster zu sehen. Wenn man erkennt, dass in der Einheit des Seins alles miteinander verwoben oder verknüpft ist, und alles viele Aspekte aufweist, Vor- und Nachteile, Licht- und Schattenseiten, Gutes und Schlechtes, wird das Herz gelassen und leicht, so leicht, dass man auf dem Teppich der Weisheit fliegen und bewusstseinsmäßig überall zugleich sein kann. Diese Weisheit zu finden und zu realisieren, ist die erste Aufgabe der drei Königssöhne. Nur wer anklopft, wer danach frägt – wer also eine Aspiration, eine Sehnsucht danach hat –, kann sie erlangen.

Aber die zwei andern ließen dem Vater keine Ruhe und sprachen, unmöglich könnte der Dummling, dem es in allen Dingen an Verstand fehlte, König werden, und baten ihn, er möchte eine neue Bedingung machen. Da sagte der Vater: „Der soll das Reich erben, der mir den schönsten Ring bringt," führte die drei Brüder hinaus, und blies drei Federn in die Luft, denen sie nachgehen sollten. Die zwei ältesten zogen wieder nach Osten und Westen, und für den Dummling flog die Feder geradeaus und fiel neben der Erdtüre nieder. Da stieg er wieder hinab zu der dicken Itsche und sagte ihr, dass er den schönsten Ring brauchte. Sie ließ sich gleich ihre große Schachtel holen, und gab ihm daraus einen Ring, der glänzte von Edelsteinen und war so schön, dass ihn kein Goldschmied auf der Erde hätte machen können. Die zwei ältesten lachten über den Dummling, der einen goldenen Ring suchen wollte, gaben sich gar keine Mühe, sondern schlugen einem alten Wagenring die Nägel aus und brachten ihn dem König. Als aber der Dummling seinen goldenen Ring vorzeigte, so sprach der Vater abermals: „Ihm gehört das Reich."

Der Ring, der weder Anfang noch Ende hat, ist ein Sinnbild für Unendlichkeit. Er zeigt uns die Kreisläufe des Seins. Die Erde kreist um die Sonne, der Mond um die Erde, die Jahreszeiten kommen zyklisch zurück. Auch alle existierenden Dinge sind nicht einfach ein Etwas, sondern eine Bewegung, die in sich selbst zurückkehrt. Jeder Korpuskel kehrt Millionen Male pro Sekunde in sein Schwingungsfeld, aus dem er kommt, zurück. Wenn ich mich selbst nicht als etwas Kreisendes sehe, habe ich das, was sich selbst unaufhörlich aus sich selbst erneuert, außer Acht gelassen. Den Kreis zu vollenden, bedeutet Glückseligkeit und Erfüllung.

Zeigt uns nicht auch das alt-chinesische T'ai Chi Symbol ein Kreisen, in welchem die polaren Kräfte Yin und Yang ineinander übergehen?

Ja, unsere polaren Kräfte – unsere lichten und dunklen Wesensaspekte – wurden in matriarchalischer Zeit noch als miteinander verbunden und als zusammengehörig empfunden: Das eine ist in dem anderen enthalten. Im späteren Patriarchat, das ein dualistisches Bewusstsein mit sich brachte, wurde der Ring in eine gerade Linie zerschnitten : Die polaren Kräfte wurden jetzt in Gegensätze getrennt. Doch heute, in dem sich anbahnenden, neuen Wahrheits-Bewusstsein gibt es Anzeichen, dass die Gegensätze wieder als sich ergänzende Kräfte erkannt werden: Die Quantenphysiker zum Beispiel sehen Korpuskel und Welle als komplementäre Wirklichkeiten. Auf der Ehrenmedaille von Nils Bohr steht:" Contraria sunt Complementa". Sri Aurobindo sagt in *The Hour of God*: „Das Unendliche ruht stets im Endlichen, das Endliche führt stets ins Unendliche". Diese Unendlichkeit in allem Endlichen zu finden, ist nun die zweite Aufgabe der Königssöhne. Auch da geben sich die älteren Brüder keine Mühe, der Jüngste aber findet sie in seiner Tiefe.

Die zwei ältesten ließen nicht ab, den König zu quälen, bis er noch eine dritte Bedingung machte und den Ausspruch tat, der sollte das Reich haben, der die schönste Frau heimbrächte. Die drei Federn blies er nochmals in die Luft, und sie flogen wie die vorige male. Da ging der Dummling ohne weiteres hinab zu der dicken Itsche und sprach: „Ich soll die schönste Frau heimbringen." - „Ei," antwortete die Itsche, „die schönste Frau! die ist nicht gleich zur Hand, aber du sollst sie doch haben." Sie gab ihm eine ausgehöhlte gelbe Rübe mit sechs Mäuschen bespannt. Da sprach der Dummling ganz traurig: „Was soll ich damit anfangen?" Die Itsche antwortete: „Setze nur eine von meinen kleinen Itschen hinein." Da griff er auf Geratewohl eine aus dem Kreis und setzte sie in die gelbe Kutsche, aber kaum saß sie darin, so ward sie zu einem wunderschönen Fräulein, die Rübe zur Kutsche, und die sechs Mäuschen zu Pferden. Da küsste er sie, jagte mit den Pferden davon und brachte sie zu dem König. Seine Brüder kamen nach, die hatten sich gar keine Mühe gegeben, eine schöne Frau zu suchen, sondern die ersten besten Bauernweiber mitgenommen. Als der König sie erblickte, sprach er: „Dem jüngsten gehört das Reich nach meinem Tod."

Der dritte Königssohn hat Vertrauen in seine innere Führung und in die in seiner Tiefe wirkenden Kräfte. Und siehe da, was vorher, im gewöhnlichen Bewusstsein, noch als Itschen, Rüben, Mäuse – also als ganz gewöhnliche Dinge – gesehen wurde, das verwandelt sich, wenn es mit seelischem Bewusstsein wahrgenommen wird, in etwas ganz Kostbares. Er findet ‚die schönste Frau' und küsst sie: Das ist ein Bild für das Erkennen und sich Vereinen mit seinen bisher noch nicht wahrgenommenen Seelenanteilen. Seine Brüder haben sich wiederum keine Mühe gegeben, haben keine Aspiration, sich mit dem Seelischen zu verbinden. Sie bringen die erstbesten Weiber mit, können also auch den dritten Auftrag nicht erfüllen.

Aber die zwei ältesten betäubten die Ohren des Königs aufs neue mit ihrem Geschrei: „Wir können es nicht zugeben, dass der Dummling König wird," und verlangten, der sollte den Vorzug haben, dessen Frau durch einen Ring springen könnte, der da mitten in dem Saal hing. Sie dachten: „Die Bauernweiber können das wohl, die sind stark genug, aber das zarte Fräulein springt sich tot." Der alte König gab das auch noch zu. Da sprangen die zwei Bauernweiber, sprangen auch durch den Ring, waren aber so plump, dass sie fielen und ihre groben Arme und Beine entzweibrachen. Darauf sprang das schöne Fräulein, das der Dummling mitgebracht hatte, und sprang so leicht hindurch wie ein Reh, und aller Widerspruch musste aufhören. Also erhielt er die Krone und hat lange in Weisheit geherrscht.

Durch den Ring springen, was bedeutet das?

Dies ist eine sehr schwierige Aufgabe, die nur durch unser seelisch erwachtes Wesen – die Braut – vollbracht werden kann: Es bedeutet, vom Bewusstsein der Zeit in das Bewusstsein der Unendlichkeit hinüberspringen zu können. Der Shenring war im alten Ägypten das Symbol für Zeit wie auch für Ewigkeit. Von der einen Dimension bewusst in die andere hinüberzuwechseln, also über beide Seinsweisen zu verfügen, darin liegt das Geheimnis jeglicher Dynamik und Freiheit. [5] In der Meditation, bzw. in einem höheren, tieferen, intensiveren Bewusstseinszustand, kann uns der Sprung in die Unendlichkeit gelingen, es ist zugleich der Sprung in die Zeitfreiheit. Das ‚zarte Fräulein' kann diese Aufgabe vollbringen. Mit solch einer Braut – mit der Verbindung und Eins-Werdung mit seiner Seele – erlangt der vermeintliche Dummling das Königreich – das Bewusstseinsreich – und kann lange in Weisheit regieren.

Anmerkungen:

1 Feder

Im alten Ägypten wurde Wahrheit und innere Führung mit Maat dargestellt, die eine Feder auf dem Kopf trägt; sie wurde aber auch als Fußsockel symbolisiert, weil sie das unerschütterliche Fundament alles Seienden ist. Wahrheit und innere Führung kommen auch als Bug vor, als Steuer unseres ‚Seelenschiffes‘, das uns zu unserer Bestimmung führt. Medhananda erläutert das Symbol MAAT in *Das altägyptische Senet-Spiel*, S. 151-155, und in *Der Weg des Horus* S. 102-103

2 Sich selbst nicht erkennen

Die Aussage von Jesus steht im Thomasevangelium, Logion 67. Siehe dazu auch Medhanandas Erläuterungen im Buch *Verborgene Weisheit*, Kapitel „Das Thomasevangelium“.

3 Kröte, froschköpfige Heket

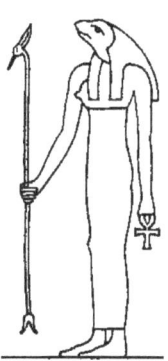

Die Ägypter, die gute Anatomen waren, sahen in der Silhouette der Kröte (des Froschs) eine Ähnlichkeit mit dem Organ der Schwangerschaft, dem Uterus. Die Kröte/ der Frosch zeigt in seiner Entwicklung vom Ei zur Kaulquappe und zum adulten Tier enorme Verwandlungsvorgänge. Diese magisch erscheinende Transformationskraft, die ja auch in der Entwicklung von der menschlichen Eizelle zum Fötus und zum Kind wirkt, wurde mit der froschköpfigen HEKET symbolisiert und bewundert. Die Bezeichnung ‚Hexe‘, die in vielen Märchen vorkommt, hängt mit ‚Heket‘ (Zauberkraft, Wandlung) zusammen, und auch mit Hekate in Griechenland, die dort oft dreigestaltig (als Mädchen, Frau und weise Alte) dargestellt wurde. Als ‚Alte‘ kennt Hekate die Übergänge und kann uns die Türen (Durchgänge) öffnen, die von einem Bewusstseinszustand in einen anderen führen, wie z. B. vom Wachsein in den Schlaf und umgekehrt, oder vom Tagesbewusstsein in das Unter- oder Überbewusstsein, oder vom Leben in den Tod. Als Kennerin der dunklen Bereiche (der Unterwelt) wird Hekate auch als von Hunden begleitet dargestellt. Im alten Ägypten war der Hund mit seiner Wachsamkeit (Anubis) ein Begleiter im Tod. Vielleicht taucht im Märchen der seltsame Ausdruck ‚Hutzelbeins Hündchen' in diesem Zusammenhang auf? Siehe auch Medhanandas Erläuterungen in *Das altägyptische Senet Spiel*, Kapitel „Wiedergeburt", S. 211

4 Teppich

Im alten Ägypten wurde Weisheit mit SIA symbolisiert, die einen Teppich auf dem Kopf trägt. Auf ihrem Knie ist ein Messer, Symbol für Wachsamkeit.

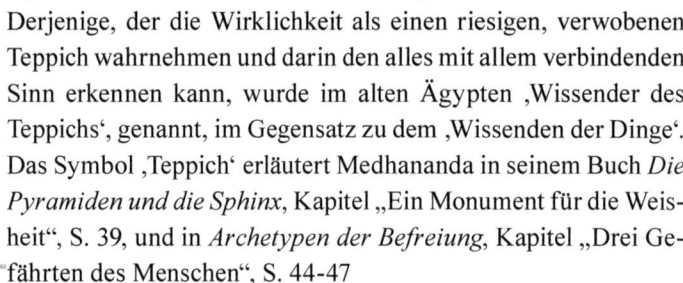

Derjenige, der die Wirklichkeit als einen riesigen, verwobenen Teppich wahrnehmen und darin den alles mit allem verbindenden Sinn erkennen kann, wurde im alten Ägypten ‚Wissender des Teppichs', genannt, im Gegensatz zu dem ‚Wissender der Dinge'. Das Symbol ‚Teppich' erläutert Medhananda in seinem Buch *Die Pyramiden und die Sphinx*, Kapitel „Ein Monument für die Weisheit", S. 39, und in *Archetypen der Befreiung*, Kapitel „Drei Gefährten des Menschen", S. 44-47

5 Ring / durch Ring springen

Im alten Ägypten war der Shenring ein Symbol für das ‚Zusammenbinden' der Zeit mit der Ewigkeit (Unendlichkeit). Medhananda schreibt in *Die Königliche Elle*, Kapitel „Ein Spiel des Erinnerns", S. 202: "...[im Shenring] finden wir das 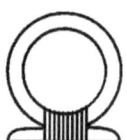 kreisende Schwingungsfeld, das wir sind, verbunden mit unseren zeitlich limitierten, vergänglichen Korpuskeln, die auf einen linearen Ablauf von Aktion und Reaktion begrenzt sind. ... Gerade Linien führen nicht dorthin, wo wir hinwollen... Ein Ring jedoch hat seinen Anfang und sein Ende in sich selbst. Er führt immer in sich selbst zurück und endet deshalb nie. Er ist unendlich." Den Ring erläutert Medhananda auch im Märchen *Die weiße Schlange*, S. 92 (in Band I) und in *Auf der Schwelle zu einem neuen Bewusstsein*, Kapitel „Die Eroberung der Zeit", S. 72-75.

Für Erzieherinnen und Erzieher

Es gibt nichts in unserem Universum,
vom Elektron bis zur größten Galaxie,
was nicht ein Symbol ist und uns etwas
über unser Menschsein lehren kann.
Medhananda

Von den Quantenphysikern wissen wir, dass Materie auch Energie ist, dass alle Dinge ebenso Schwingungen, Wellen, Kräfte sind. Medhananda zeigt uns, dass auch in den Märchenerzählungen hinter den Dingen eine Welt der Energien entdeckt werden kann, welche – symbolisch dargestellt – unser Sein widerspiegelt. Ein Erwachsener, der die Märchen auf diese Weise wahrnimmt, wird sie einem Kind – zwar mit gleichbleibendem Inhalt – aber mit ganz anderem Bewusstsein übermitteln, und das ist entscheidend: Sein Erkennen, dass immer wir selbst in all den Geschichten gemeint sind, wird sich auf das Kind übertragen. „Bewusstsein ist ansteckend", äußerte Medhananda einmal lachend. Und in der Erziehungsarbeit ist dies wesentlich.

Der Physiker und Philosoph Carl Friedrich von Weizsäcker [1] äußerte in einem Gespräch mit Yvonne Artaud und Medhananda (anlässlich seiner Indienreise und seines Besuchs des Sri Aurobindo Ashrams in Pondicherry), dass auch er in der Erziehung die Ontologie (die Lehre vom Sein) für das Wichtigste halte.

Was ist das Geheimnis des Seins? Was ist das Weltall, wer bin ich? Danach fragen Kinder, auch wenn sie nach einem Käfer, einem Stern, einem Baum fragen. Und unsere Antworten sollten in erster Linie auf diese Wirklichkeiten des Seins, der Energien und Kräfte, gerichtet sein, eine Wirklichkeit, in der alles miteinander verbunden ist, in der es keine Abgrenzungen gibt, wo Blume, Stern und Käfer als Energien, als Schwingungen auch in mir zu finden sind: Ich kann ‚blühen', ‚strahlen', mich ‚verändern' wie sie.

„Alles Vergängliche ist nur ein Gleichnis", sagt Goethe. Ein Gleichnis wofür? Das herauszufinden, kann zur interessanten Aufgabe von Pädagoge und Kind werden.

Dabei kann auch entdeckt werden, dass das innere Blühen nicht immer gelingt, dass manchmal das Strahlen der Blume keine Resonanz in uns findet, von anderen Kräften in uns überschattet wird. In der Märchenoper ‚Hänsel und Gretel‘ von Humperdinck singt Gretel: „Griesgram hinaus, fort aus dem Haus, ich will dich lehren, Herz zu beschweren, Freude zu wehren …", sie spricht mit einer ihrer Energien und versucht diese ‚Griesgram-Kraft‘ aus ihrem Haus (ihrem Sein) zu vertreiben.

Dieses innere ‚Reden‘ mit einer wahrgenommenen Kraft (Emotion, Gefühl) zeigt uns eine Disidentifikations-Bewegung, wie sie auch Roberto Assagioli in seiner Psychosynthese lehrt: „Ich habe Gefühle, aber ich bin nicht meine Gefühle, ich habe Gedanken, aber ich bin nicht meine Gedanken" [2]. Man merkt, wie z. B. eine Gefühls-Welle über einen kommt, ist aber nicht ganz identisch mit ihr, sondern da ist noch ein innerer Zeuge in einem, der die Gefühls-Welle‘ gleichsam beobachtet. [3] Gretels Lied kann dem Erwachsenen ein Lehrbeispiel sein, auch im Hinblick auf das Zusammenleben und die Erziehungsarbeit mit Kindern. Statt ein Kind für seine schlechte Laune, seinen emotionalen Ausbruch, sein auffälliges Benehmen zu kritisieren, soll der Pädagoge zuerst nach den tieferen Ursachen forschen und dabei auch seine eigenen Emotionen, Gefühle, Launen etc. hinterfragen. Sie werden von Kindern ja meist wahllos reflektiert. Das Kind hält uns gewissermassen einen Spiegel vor. Die Frage ist also: Welches ist bei mir als ErzieherIn (LehrerIn), und welches ist beim Kind die dem Verhalten zu Grunde liegende ‚Energie-Welle‘?

Auf spielerisch neugierige Art, ohne moralische Bewertung und Verurteilung, kann danach ‚geforscht‘ werden, was denn innerlich abläuft: „Ah, da hat mich wieder eine Wut überwältigt", „oh, das war die Angst", „aha, so ist es mit der Eifersucht", „ja, das war jetzt Mut", „heute hat die Geduld in mir die Oberhand behalten" etc. Der Fokus liegt auf solch wertfreiem Beobachten, auf der inneren Achtsamkeit.

Dabei können Pädagoge und Kind gemeinsam diesen Energien und Kräften Namen geben, auch Phantasienamen wie eben Griesgram (für

Unzufriedenheit, Missmut, schlechte Laune) oder z.B. Wirbeldonner (für Wut), Engemacher (für Angst) oder Löwenherz (für Mut), Goldratte (für Ausdauer), Federwölkchen (für ein leichtes Herz) etc. Natürlich können es auch Namen aus der Märchenwelt sein, wie Zwerg, Riese, Fuchs, Prinzessin, König, Hexe etc. Wie in einem Spiegel lassen sich in den vielen Figuren und Motiven ja unsere eigenen verschiedenen vitalen, emotionalen, mentalen, seelischen Kräfte ‚sehen‘. (Es können auch selbst gewählte Namen sein, die eine erwünschte Seelenkraft in uns evozieren und stärken wie z. B. ‚Sonnenstrahl‘, ‚Veilchenduft‘, ‚Leuchtkäfer‘, ‚Regenbogen‘.) [4]

Spielerische Namensgebungen tragen dazu bei, dass das Kind (und auch der Erwachsene) eine benannte Kraft – wenn sie wiederkommt – leichter in sich ‚ent-decken‘ kann, und sich auch weniger stark von dieser Energie (falls sie unerwünscht aus dem Wesen hervorbricht) beherrschen lässt. Wenn man sie erkennt und mit ihr ‚redet‘, ist man nicht mehr total mit ihr identifiziert [5]. Nicht sie soll uns reiten (beherrschen), sondern wir üben, auf ihr zu reiten (so wie in Asien Kuan Yin, die große Mutter, auf dem Drachen reitet, oder Lao-Tse auf dem Ochsen). Mit den Kräften umgehen lernen, wird dann zum interessanten Spiel.

Statt dass ein Kind (durch den wiederholten Kommentar der Erwachsenen) sich langsam mit einer sogenannten Tugend oder Schwäche identifiziert – Ich, Kaspar, bin halt faul, Lisa ist immer fleißig – kann es wahrnehmen, dass es nicht identisch ist mit der es oft dominierenden Kraft, sondern dass da noch ein innerer Beobachter ist, und dass da auch noch andere Kräfte in ihm vorhanden sind und geübt, gepflegt werden wollen. Das Kind lernt, dass verschiedene ‚Ichs‘, verschiedene Teilpersonen in ihm wirken, dass es nicht nur ‚Kaspar‘ ist, sondern dass viele Energien, ja ganz unterschiedliche Seelenbewegungen in ihm zum Ausdruck kommen: Wir alle sind ein ‚Energiebündel‘!

Wichtig ist, dass die oft widersprüchlichen inneren Kräfte nicht verdrängt oder unterdrückt werden, sondern erkannt, akzeptiert und letztlich in eine *harmonische, integrierte Persönlichkeit* eingebunden werden. Der innere Beobachter in uns, der die vielen Energien, die unterschiedlichen ‚Schwingungen‘ in uns immer besser wahrnimmt, vermag sie mit der Zeit auch zu steuern, so dass sie konstruktiv genutzt werden können und das eigene Potential zur Entfaltung bringen.

„Die Seele ist wie ein Riesenmolekül mit unendlich vielen Facetten", sagt Medhananda im Vorwort von *Archetypen der Befreiung*. In uns allen ist ein Prinz, ein Riese, ein König, ein Zwerg, ein goldener Vogel, eine Prinzessin … und wie spannend ist es, herauszufinden, welche der vielen Kräfte in unserem Wesen gerade vorherrscht.

Bereits im Schulalter kann ein Kind so einsehen lernen, dass es ein ‚Vieles‘ ist, und dass man aus diesen Vielen ständig wählen muss, was man sein will. Wahre Erziehung macht dem Kind bewusst, dass es Einfluss nehmen kann auf sein SEIN – dass es *sein kann*, was es *sein möchte*!

Der Wille spielt dabei eine wichtige Rolle als gestaltende Kraft auf dem Weg zur Selbstverwirklichung. In einem seiner Aphorismen schreibt Medhananda: „Auf der Ebene unserer grundlegenden Schwingung ist freier Wille... Freier Wille bedeutet, unsere grundlegende Schwingung ändern zu können...!"

Leider sind die heutigen Lehrpläne der Schulen (der vorgeschriebene Schulstoff) immer noch einseitig auf *Stoff*lichkeit, Tat*sachen*, getrenntes dingliches Wissen ausgerichtet. So werden z.B. die griechischen Sagen meist nur mythologisch oder historisch, kaum aber ontologisch, psychologisch betrachtet. [6] Und da sie nichts mit mir zu tun haben (wie es scheint), bleibt dieser *Stoff* lebloses, von mir getrenntes ‚Objekt‘, wird ‚schubladisiert‘, wieder vergessen.

Die alte Psychologie – jene aus der Epoche der indischen Rishis, der Seher des alten Ägyptens, der Indianer Amerikas, des alten Chinas und Japans und anderer alten Völker – sah den Menschen als von *vielen* Seelenkräften durchdrungen.

Im alten Ägypten band man Schilfrohre für den Häuserbau zu Säulen zusammen, und dieser Vorgang wurde zu einem Sinnbild: Der Pharao oder der Schüler der Weisheit wurde gelehrt, seine vielen verschiedenen Seelenkräfte (seine Neteru) zu erkennen und die hilfreichen, positiven, unbegrenzten Kräfte – starken Schilfrohren vergleichbar – zu einer Säule (Djed) zusammenzubinden, so dass diese von Dauer ist und in der Ewigkeit stehen kann [7]. Erst als ‚Zusammengebundener‘ sind wir wirklich *Einer*, sind wir Individuum (Ungeteilter), Monachos, Herr unseres Seins. So ein Prozess des Zusammenbindens, des Integrierens ist ein langer

Bewusstseins-, ein langer Reifeprozess, Diesen vor allem bei sich selbst zu fördern, ihn aber auch schon beim Kind anzuregen und zu unterstützen, sollte Aufgabe jedes Erziehenden sein.

„Die größte und schöpferischste Arbeit", so Medhananda, „ist das Arbeiten am eigenen Bewusstsein, am eigenen Sein."

Anmerkungen

[1] **Carl Friedrich von Weizsäcker** (1912-2007), deutscher Physiker, Philosoph und Friedensforscher, reiste im Jahre 1969 durch Süd-Indien und hatte dort ein spirituelles Erlebnis, in dem „alle Fragen beantwortet waren" und dessen Essenz von da an immer bei ihm war (wie er es formulierte). Bereits 1960 war er dem indischen Pandit Gopi Krishna begegnet, worauf es zur Gründung der *Forschungsgesellschaft für westliche Wissenschaft und östliche Weisheit* kam. In Treffen und durch regelmäßige Veröffentlichungen sollten Themen wie östliche Spiritualität und deren Verhältnis zu westlichen Auffassungen zur Sprache kommen.

[2] **Roberto Assagioli** (1888–1974), italienischer Psychiater, Psychoanalytiker und Begründer der Psychosynthese betrachtet die Persönlichkeit als Zusammenspiel verschiedener, teils widersprüchlicher Kräfte. Ziel ist eine Integration und Harmonisierung dieser Anteile sowie die Verbindung zum „höheren Selbst". Zu dieser inneren Entwicklungsarbeit gehört auch das Üben der Disidentifikation von Kräften, Rollen, Mustern, Teilpersönlichkeiten. Man erkennt, dass man gewisse Kräfte zwar erlebt, aber nicht selbst *ist*. Die regelmäßige Praxis dieser Übung führt zu mehr innerer Unabhängigkeit und Wahlfreiheit durch ein immer stärkeres Wahrnehmen des eigenen inneren Beobachters, des stillen Zeugen, des bewussten Selbst. Es geht darum, bei sich selbst und bei anderen mehr und mehr dieses bewusste Selbst als die wahre Identität des Menschen zu erkennen und auch zu erfahren –, in Assagiolis Worten: „die Energien des Selbst zu befreien".

[3] **Der innere Zeuge**
In Indien wird der innere Zeuge, unser reines, bewusstes Selbst, *Purusha* genannt. Die Ergänzung dazu ist *Prakriti*, unsere Natur mit ihren physischen, vitalen und mentalen Aktivitäten. Im Yoga übt man, Purusha, den stillen Beobachter, immer bewusster wahrzunehmen. Letztlich muss Purusha die Meisterschaft über das Wirken unserer Natur (Prakriti) erlangen und nur jene Vorgänge (Regungen, Bewegungen, Aktivitäten in uns) zulassen, die der

189

integralen Vervollkommnung unseres Wesens förderlich sind. Nach indischer Philosophie sind Purusha und Prakriti auch kosmische Prinzipien. Auf einer höheren Ebene spricht man von Ishvara und Shakti.

[4] **Im alten Ägypten hatte jeder Pharao mindestens 5 Namen** (ein Horus-Name, ein Nebti-Name, ein Goldhorus-Name, ein Thron-Name und ein Geburts-Name). Diese Namen repräsentierten verschiedene Aspekte und Aufgaben seiner Herrschaft (auch dessen, was er psychologisch zu verwirklichen hatte).

[5] **Auch im Märchen *Rumpelstilzchen*** wird verlangt, dass die Königin jene Kraft, welche Macht über sie ausübt – Rumpelstilzchen – erkennt; das heißt, dass sie seinen Namen nennen kann. Dadurch verliert Rumpelstilzchen seine Macht über sie.

[6] **Griechische Sagen**
Ganz anders, nämlich aus psychologischer Sicht, erläutert Medhananda die Herakles-Sage in seinem Buch *Verborgene Weisheit*. Auch das von Medhananda und Yvonne Artaud entworfene Herakles-Spiel *Der Weg des Helden* ist ein Kartenspiel für Kinder mit *psychologischem* Inhalt: Was bedeutet es, ein wahrer Held zu sein (Publikation in Vorbereitung).

[7] **Die ägyptische Djedsäule**
Ägypten war ein Land ohne Wälder, aber es gab zahlreiche Sumpfgräser und Schilfrohre. Diese wurden – ähnlich wie in der heutigen Fasertechnologie – zu Säulen für den Häuserbau zusammengebunden. Die Säule (Djed) wurde so zum Symbol für das psychologische ‚Zusammenbinden' unserer vielfältigen Seelenkräfte.
Im Buch *Der Weg des Horus* schreibt Medhananda im Kapitel ‚Aufbau des inneren Wesens' (S. 125):
„Was wir eine Seele oder eine Persönlichkeit oder Individuum nennen, ist nicht eine singuläre Wesenheit, sondern eine Vielzahl von Elementen, von Wesensteilen, die sich koordinieren, aber auch offen bekämpfen können, wodurch sich unsere vermeintliche Einheit als pure Illusion erweist. … Die Bilder des inneren Weges im alten Ägypten zeigen uns, wie unsere auseinanderstrebenden psychischen Bestandteile als Bausteine [oder Schilfrohre] gebraucht werden können, wie sie sorgfältig zusammengebracht und in ein harmonisches Ganzes gefügt, wie sie zusammengebunden und zu einer wahren Individualität geformt werden können: zu einem Haus der Ewigkeit."
Siehe auch Medhanandas Interpretation des Märchens *Die Bremer Stadtmusikanten* (Band I), wo das Sinnbild der Säule ebenfalls auftaucht.

Allgemeine Anmerkungen

Zum besseren Verständnis von Namen und Begriffen, die oft im Text vorkommen.

Sri Aurobindo
1872 in Kalkutta geboren, verbrachte er auf Wunsch seines indischen Vaters seine Schul- und Studienzeit in England, kehrte 1893 nach Indien zurück und wurde Direktor des ersten national-indischen Colleges in Calcutta. Er kämpfte für ein unabhängiges Indien und wurde von der indischen Regierung als politischer Revolutionär verfolgt, und 1908 verhaftet. Während der einjährigen harten Gefängniszeit in Alipur wurden ihm große spirituelle Erfahrungen zuteil, die in ihm eine tiefgreifende Wandlung bewirkten. Nach seiner Freilassung zog er sich nach Pondicherry zurück, um sich ganz auf die innere Arbeit, den integralen Yoga, zu konzentrieren und die Herabkunft des supramentalen Bewusstseins herbeizuführen.

Yoga
Mit Yoga (im weitesten Sinne des Wortes) ist ein Arbeiten am Bewusstsein gemeint. Durch Aspiration strebt man danach, sein Wesen (mit all den verschiedenen Bewusstseinskräften) an das höchste Bewusstsein, das Göttliche ‚anzujochen‘ (das Wort Yoga ist verwandt mit Joch) und Eins-Sein zu realisieren. In Indien kennt man verschiedene Disziplinen und Wege, die dazu führen: im Karma-Yoga wird selbstlose aufopfernde Arbeit geübt, im Bakti-Yoga Liebe, Verehrung, und im Jnana-Yoga Erkenntnis, Wissen durch direktes Wahrnehmen. Im ältesten Yogabuch (von Patanjali) wird die Disziplin des Yoga in den ersten Sutren so beschrieben: „Yoga ist jener innere Zustand, in dem die mentalen-emotionalen Vorgänge (Sanskrit: vrtti) zur Ruhe kommen. Dann ruht der Sehende in seiner Wesensidentität."

Der integrale Yoga Sri Aurobindos

Im integralen Yoga Sri Aurobindos werden die verschiedenen klassischen Yoga-Wege integriert. Nicht ein Zurückziehen von der Welt wird angestrebt, sondern eine Vervollkommnung aller Wesensteile: Körper, Vital, Mental und Übermental (Overmind) sollen durch Aspiration und Hingabe, durch selbstloses, dem Göttlichen geweihtes Wirken in der Welt, durch ein Sich-Öffnen für das höchste Wahrheitsbewusstsein (das Supramentale) geläutert und transformiert werden. Sri Aurobindos zahlreiche Werke – unter anderem *Die Synthese des Yoga, Das göttliche Leben, Die Mutter, Das Ideal einer geeinten Menschheit, Essays über die Gita, seine Gedichte* und vor allem sein großes Epos *Savitri* – repräsentieren nicht nur eine Synthese der westlichen und östlichen Kultur, sondern sind unmittelbarer Ausdruck der fortschreitenden Höherentwicklung seines Bewusstseins. Die Evolution wird durch die höchste Bewusstseinskraft bewirkt (so Sri Aurobindo), weil sie in allem bereits involviert ist. Ohne Involution könnte keine Evolution stattfinden. Die Kraft, die „von unten ruft" und diejenige, die „von oben antwortet", sind zwei Pole derselben Wirklichkeit.

Die Mutter

In Indien wird die universale Bewusstseinskraft *Shakti* (Energie) oder *kreatives Prinzip* oder auch *Mutter* genannt. Ihre vielen Aspekte und Erscheinungsweisen zeigen sich vor allem in den vier göttlichen Kräften *Weisheit, Liebe, Vollkommenheit* und *Macht der Umformung* (in Sanskrit *Maheshwari, Mahalakshmi, Mahasaraswati* und *Mahakali*), die in allem immanent sind, aber auch alles transzendieren. Sri Aurobindo gab seiner spirituellen Gefährtin, der Französin Mirra Alfassa, den Namen *Mutter*, weil er erkannte, dass sie die universale Bewusstseinskraft in besonderer Weise manifestierte und verwirklichte (inkarnierte). Die Shakti-Kraft kann auch in uns wahrgenommen und durch unsere Aspiration intensiviert werden.

Mirra Alfassa 1878-1973, mit ägyptisch-türkischen Wurzeln, in Paris geboren, war seit ihrer Kindheit auf dem spirituellen Weg mit vielen Erfahrungen und Realisationen. Nach Aufenthalten in Algerien und Japan kam sie 1920 zu Sri Aurobindo nach Pondicherry (Indien), wurde seine spirituelle Gefährtin und erhielt von ihm den Auftrag, die sich um ihn scharenden Schüler als Ashram-Gemeinschaft auf dem spirituellen Weg zu leiten und zu führen. Später gründete die Mutter (Mirra Alfassa) das *Sri Aurobindo International Centre of Education* und die internationale Stadt *Auroville.*

Auroville
Ein Ort in Südindien (in der Nähe von Pondicherry), an dem Menschen aus aller Welt den integralen Yoga Sri Aurobindos zu verwirklichen suchen: Transformation aller Wesensteile durch selbstloses Wirken in der Welt, Bewusstwerdung, Öffnung für die höchste supramentale Wahrheitsebene. Die *Mutter* (des Sri Aurobindo Ashrams) sah diese spirituelle Stadt in einer Vision und gründete 1968 Auroville, um einen internationalen Platz zu schaffen, an dem Menschen aus aller Welt wirken können mit der Intention, sich über das heute vornehmlich dominierende mental-rationale Bewusstsein hinaus zu entwickeln, und ein integrales, über-mentales Bewusstsein in sich zu realisieren. Durch das Zusammenleben und Zusammenwirken all der unterschiedlichen Personen (aus allen Erdteilen) soll auch die Einheit in der Verschiedenheit realisiert werden (das, was Sri Aurobindo in seinem Werk *Das Ideal einer geeinten Menschheit* darstellt). Die Mutter drückte dieses Ideal für Auroville in folgenden Worten aus:
„Auroville gehört niemandem im Besonderen. Auroville gehört der ganzen Menschheit. Aber um in Auroville zu leben, muss man bereit sein, dem göttlichen Bewusstsein zu dienen. Auroville wird ein Ort ständiger Lernbereitschaft und ständigen Fortschritts sein und auf diese Weise der Schauplatz eines Lebens, das seine Jugend bewahrt. Auroville möchte eine Brücke sein zwischen Vergangenheit und Zukunft. Indem es sich alle äußeren wie inneren Entdeckungen zunutze macht, wird es sich mutig zu künftigen Verwirklichungen hin entwickeln. Auroville wird ein Platz spiritueller und materieller Forschung sein, damit eine wirkliche menschliche Einheit lebendige Gestalt annehmen kann."
Die Gründungsfeier am 28. Febr. 1968 wurde vom indischen Präsidenten und Vertretern aus 124 Nationen und 23 Indischen Staaten begleitet, die alle aus ihren Heimatländern Erde mitbrachten und im Zentrum von Auroville in eine Urne legten – als Symbolhandlung, denn Auroville

‚gehört‘ einem neuen, integralen Bewusstsein der Menschen und ist ‚planetarisch‘ und ‚universell‘ ausgerichtet.

Identity Research Institute

Medhananda und Yvonne Artaud gründeten 1978 das *Identity Research Institute Science Infinity* (IRISI), eine Forschungsstätte für Psychologie und Bewusstsein.

Was ist mit *Identity Research* (Identitäts-Forschung) gemeint?

Medhananda erläuterte: Geht man davon aus, dass ‚Bewusstsein‘ ein zusammenhängendes Ganzes umfasst, das allen materiellen Erscheinungsformen zugrunde liegt und diese durchdringt und sie bewirkt – in unterschiedlichen Graden der Intensität und des Gewahrseins –, so gibt es nichts Fremdes oder Objektives, das erforscht wird (auch wenn es von uns als ein andersartiges Gegenüber empfunden wird), sondern im Spiel der Verschiedenheiten ist eine darin enthaltene *Identität* impliziert.

Dieses neue Wahrnehmen bildete Grundlage all der Forschungen von Medhananda und Yvonne Artaud über Bewusstsein und Psychologie in Symbolen, Märchen, Mythen – und bei Vorschulkindern sowie auch bei Tieren (vor allem bei den Makakken-Affen).

Siehe auch: www.medhananda.com

Jean Gebser

Der Kulturphilosoph Jean Gebser (1905–1973) erkennt (wie Sri Aurobindo) verschiedene Bewusstseinsstrukturen im Menschen, die er ausführlich in seinem Hauptwerk *Ursprung und Gegenwart* erläutert. Er nennt sie: das archaische, das magische, das mythische, das mental-rationale Bewusstsein und das heute sich herausbildende integrale Bewusstsein.

In *Der unsichtbare Ursprung* schreibt er: „Dass es (dieses neue Bewusstsein) heute weckbar ist, zeigt, dass es bereits in uns veranlagt ist, dass also die heute sich vollziehende Bewusstseins-Steigerung oder -Mutation – soweit sie als evolutives Geschehen gewertet wird – ein Nachvollzug ist, der dauernd aus der geistigen Kraft und der Transparenz des Unsichtbaren genährt wird. Hinzukommt, dass sich das wirklich Neue, wenn wir es zu ahnen beginnen, bereits ereignet hat…

Mein Konzept von der Herausbildung eines neuen Bewusstseins, das

194

mir im Winter 1932/33 in einer blitzartigen Eingebung bewusst wurde und das ich seit 1939 darzustellen begann, ähnelt weitgehend dem mir damals dokumentarisch nicht bekannten Weltentwurf Sri Aurobindos... Eine Erklärung für das hier auftauchende Phänomen sehe ich darin, dass ich in irgend einer Form in das geistige, ungemein starke und durch Sri Aurobindo ausstrahlende Kraftfeld einbezogen war..."

Bewusstsein
Bewusstsein ist viel weiter und umfassender als das rationale Denken (mit dem sich unsere Epoche immer noch einseitig identifiziert). In der Evolutionsgeschichte der Menschheit, sowie in der Entwicklung eines jeden einzelnen Menschen lassen sich verschiedene Bewusstseinsstrukturen erkennen:

Verschiedene Bewusstseinsstrukturen (-stufen oder -ebenen)
Sri Aurobindo erkennt verschiedene Bewusstseinsstrukturen im Menschen. Er spricht von einem physischen, einem vitalen, mentalen, übermentalen und supramentalen Bewusstsein.

Das physische Bewusstsein
Dazu gehören Körperempfindungen wie Hunger, Schmerz, Müdigkeit etc.

Das vitale Bewusstsein
Zu unserer Lebens-Natur gehören Sinneseindrücke, Emotionen, Gefühle, Wünsche, Leidenschaften, Anziehung und Abstoßung und der Drang, in der Welt zu handeln.

Das mentale Bewusstsein
Sri Aurobindo erkennt verschiedene Stufen des Denkwesens, die er in seinen Werken *Die Synthese des Yoga* und *Das Göttliche Leben* ausführlich beschreibt.
Das gewöhnliche Denken kann in drei Funktionsarten eingeteilt werden: das physische (mechanische), von Sinneseindrücken beeinflusste Denken, das vitale (von Emotionen, Gefühlen und Wünschen getriebene) Denken, und das intellektuelle Denken.

Darüber, uns meist noch verborgen im Überbewussten, gibt es höhere Funktionen eines spiritualisierten Denkens. Sri Aurobindo nennt sie: das ‚Höhere Denken‘, das ‚Erleuchtete Denken‘, die ‚Intuition‘ und das ‚Übermentale Denken‘ (die Ebene des ‚Overmind‘).

Das übermentale Bewusstsein (‚Overmind‘)

Der Overmind, das übermentale Denken, bildet eine Verbindung zum supramentalen Bewusstsein. Von diesem höchsten Wahrheitsbewusstsein vermag der Overmind einzelne Wahrheiten als separate Identitäten herunterzubringen.

In *Die Synthese des Yoga* schreibt Sri Aurobindo: „Jedes intuitive Wissen rührt mehr oder minder direkt von dem Licht des sich seines Selbst bewussten Geistes her, das in das Mental eindringt. Der hinter dem Mental verborgene Geist ist aller Dinge in sich selbst und in allen seinen Selbsten bewusst. Er ist allwissend und fähig, das unwissende oder seines Selbst vergessende Mental aus seiner Allwissenheit entweder durch seltene oder durch ständige Lichtblitze oder durch ein stetig einströmendes Licht zu erleuchten.“

Das supramentale Bewusstsein (‚Supermind‘)

Über oder jenseits der verschiedenen mentalen Strukturen wirkt – so Sri Aurobindo – ein supramentales Bewusstsein, ein Wahrheitsbewusstsein, eine göttliche Gnosis. Dieses höchste, universelle Bewusstsein (es ist gleichzeitig auch der Urgrund von allem) existiert und wirkt in der Wahrheit, in der Wesens-Einheit – und nicht, wie das Mentale, in ihren vordergründigen Erscheinungen und Teilungen. Das Supramentale ist Wissen durch Identität, kennt auf diese Weise das Selbst, das Sat-Chit-Ananda (Sein-Bewusstsein-Seligkeit), die Wahrheit in allen Manifestationen, den Ursprung allen Seins.

Vielheit im Menschen

Die Ausführungen (oben) zu den verschiedenen Bewusstseinsstrukturen machen verständlich, warum Medhananda so oft von der ‚Vielheit im Menschen‘ spricht, und die Märchenfiguren als Symbole für die ganz unterschiedlichen (uns zum Teil noch nicht bewusst gewordenen)

Bewussteins-Kräfte interpretiert.

Eins/Einssein, das Eine, die Einheit des Seins
Medhananda meint damit eine alles einschließende Ganzheit, eine Komplexität, keineswegs eine Reduktion, nicht eine monotone ‚Eins‘ (der Anfang einer Zahlenreihe), sondern einen polyphonen Zusammenklang. In *Die Königliche Elle,* S. 62, schreibt er: „Die Eins ist in sich vollständig, ist eine Ganzheit in sich selbst, und erwartet nicht, dass ihr eine Zwei folgt."

Das psychische Wesen (psychic being), die Seele
Sri Aurobindo meint damit die göttliche Essenz oder Wesenheit im Individuum, die in die Manifestation herunter kommt und die Evolution des Individuums in seiner Entwicklung zu einem voll bewussten Wesen unterstützt. Die Präsenz und das Wirken des psychischen Wesens werden im Menschen durch vielfältige Erfahrungen von Leben zu Leben stärker. Im einen Menschen ‚klingt‘ es bereits stark durch die äußere Person wie Musik- oder Farbtöne oder Lichtschwingungen (personare heißt ja durch/hindurch tönen, hindurch klingen) – in der anderen Person ist das Psychische erst wie ein schwacher Funke. Beim einen Menschen wirken Körper, Vital und Mental bereits unter dem Einfluss des psychischen Wesens, beim anderen noch nicht oder nur teilweise oder nur zeitweise – die verschiedenen Körper-, Vital- oder Mental-Kräfte machen sich noch selbstständig, wirken zum Teil noch unbewusst.

Gnosis
Mit Gnosis ist ein tieferliegendes (allem Seienden innewohnendes, aber nicht allem Seienden bewusst gewordenes) Wissen, ein supramentales Wissen, gemeint.
Das Wort ‚Gnosis‘ hängt zusammen mit den griechischen Wörtern *gignomai* und *gignoto,* dem altlateinischen *gnosco,* dem englischen *kenou, know* und den indischen Sanskritwörtern *Jnana, Genana, Jnani;* lauter Wörter, die ‚Wissen‘ heißen. Verwandt mit ‚Gnosis‘ sind auch die deutschen Wörter *Gen, Generation, Genus, Genesis, Genie, genial.* Alle diese Ausdrücke lassen sich auf das lateinische Wort *genu* (französisch *genou,*

italienisch *ginocchio*, deutsch *Knie*) zurückführen. Wie kommt das? In den griechischen Mythen wird uns erzählt, dass Dionysos aus dem Knie des Zeus geboren wurde. Auf Vasenbildern sehen wir, wie die großen Muttergöttinnen und ,Erzeugerinnen', die ,Genetrices', das Knie des Zeus berühren. Zeus ist ein Symbol für höheres Bewusstsein, und die schöpferischen Kräfte, die großen Mütter (in der Bibel heißen sie Elohim, in Indien Shakti) holen sich da das ,Wissen' und entwickeln, ,gebären' damit wieder Neues; neue Formen, neue Generationen, neue ,Genies', neue Programme, die sie hervorrufen.

Sri Aurobindo schreibt in *The Life Divine* [*Das Göttliche Leben*]: „Alle supramentale Gnosis ist ein zweifaches Wahrheits-Bewusstsein: ein Bewusstsein der inneren Erkenntnis des Selbst und, infolge der Identität von Selbst und Welt, ein Bewusstsein gründlicher Welt-Erkenntnis. Diese Erkenntnis ist das Kriterium, die charakteristische Macht der Gnosis."

Symbol
,Symbolon' von griechisch ,symballein' zusammenwerfen, zusammenbringen, vereinigen: Eine innere seelische Realität (Seelenkraft) und ein entsprechendes im Außen gefundenes Ding, Bild, ein Vorgang (wie z.B. der Sonnenaufgang) werden ,Symbolon' (eine seelische Aussage, eine Botschaft). Jede Manifestation in der äußeren Welt kann so Symbol, kann Spiegel sein für eine entsprechende psychische Energie, für innerlich erfahrene Vorgänge.

Anmerkung zu den Büchern von Medhananda:

Obwohl seine Muttersprache Deutsch war, hat Medhananda seine Erkenntnisse, Erfahrungen, Geschichten, Interpretationen von ägyptischen Bildern etc. in englischer Sprache aufgezeichnet. Die Bücher wurden und werden zurzeit ins Deutsche, Französische und Spanische übersetzt.

198

Biographie

Medhananda ist der spirituelle Name, den Mirra Alfassa (im Sri Aurobindo Ashram „Die Mutter" genannt) einem ihrer Schüler gegeben hat – dem in Deutschland geborenen Fritz Winkelstroeter (1908-1994), der seine Schulzeit in Pforzheim verbrachte und, neben Englisch und Französisch, schon früh Latein und Griechisch lernte. Trotz seines regen Interesses an den antiken Kulturen, ihren Symbolen und ihrer Spiritualität studierte er, wie sein Vater (ein wohlhabender Ingenieur und Industrieller)  es wünschte, in München, Heidelberg und Paris Rechtswissenschaft. Während dieser Jahre hatte er das Glück, von dem hervorragenden Gelehrten Richard Wilhelm – der das „I Ging", das „Tao Te Ging" und viele andere antike Texte aus dem klassischen Chinesisch übersetzte – unterrichtet und in die chinesische Kultur und Denkart eingeführt zu werden. Medhananda hatte bereits eine vielversprechende Laufbahn als Jurist vor sich, nahm aber wahr, dass in Europa ein großer Krieg ausbrechen würde und verließ daher 1934 mit seiner französischen Frau Deutschland. Sie wanderten nach Tahiti in Französisch-Polynesien aus, siedelten sich auf der Nachbarinsel Moorea an, wo sie 200 Hektar Urwald kauften, ein kleines Haus bauten und sich zum Anbau von Vanille und Kaffee als Farmer niederließen. Ihre drei Kinder wuchsen in dieser paradiesischen Umgebung auf.

In der unberührten Stille des dortigen Urwalds begann Medhananda, die verschiedenen Bewusstseinsstrukturen, die seinem Selbstgewahrsein zugänglich waren, zu erkunden.

Es bot sich ihm auch reichlich Gelegenheit, die vorchristliche Kultur, die uralte Gnosis Polynesiens zu erforschen und mit deren magisch-mythischen Symbolen in Berührung zu kommen.

Während des Zweiten Weltkrieges wurde er (ein Deutscher) nahe Tahiti als potenziell feindlicher Ausländer von Französisch-Polynesien fünf

Jahre lang interniert.

Nach seiner Entlassung 1946 stieß er auf die Schriften des indischen Yogis, Dichters und Philosophen Sri Aurobindo. Tief beeindruckt, schrieb er Sri Aurobindo und wurde von ihm als Schüler angenommen. Während der oft wochenlangen Aufenthalte auf der einsamen polynesischen Insel Mehetia wurden ihm tiefe spirituelle Erfahrungen zuteil.

1952 ging er nach Indien in den Sri Aurobindo Ashram in Pondicherry, wo er von der ‚Mutter‘ (Mirra Alfassa) den Auftrag erhielt, die Sri Aurobindo Bibliothek zu betreuen und am *Sri Aurobindo International Centre of Education* mitzuwirken. Dort lehrte er während vieler Jahre vergleichende Religionsgeschichte, wozu er bestens qualifiziert war durch sein lebenslanges Erforschen der spirituellen Kulturen verschiedenster Kontinente und Zeitepochen – und auch durch seine eigenen spirituellen Erfahrungen.

1965 wurde er Herausgeber der Vierteljahreszeitschrift *Equals One*, für die er (auch unter verschiedenen Pseudonymen) zahlreiche Beiträge verfasste.

1977 lebte er ein Jahr lang in *Auroville* (nahe Pondicherry) mit seiner langjährigen Mitarbeiterin Yvonne Artaud und ihren Makaken-Affen.

1978 zogen sie von dort mit den Tieren nach Reddiarpalayam (einem Vorort von Pondicherry), wo sie in einem großen mit Kokospalmen und alten Mangobäumen bewachsenen Garten das Identity Research Institute gründeten, ein Forschungsinstitut für fundamentale Psychologie.

Das eigentliche Lebenswerk galt nach langjährigen Studien und einer Studienreise der Erforschung der Bilder, Hieroglyphen und Symbole des alten Ägypten. So wie sein Lehrer Sri Aurobindo in den Aussagen der Veden (der altindischen spirituellen Texte) eine psychologische Symbolsprache entdeckte, die tiefes inneres Wissen enthält (siehe dazu: Sri Aurobindo, *Das Geheimnis des Veda*), entdeckte Medhananda in den alten ägyptischen Hieroglyphentexten und Bildern – mit dem gleichen psychologischen Ansatz und Schlüssel – Botschaften der Selbsterkenntnis.

Medhananda – durch seine Herkunft und klassisch-humanistische Erziehung in der westlichen Kultur heimisch, durch seine in Polynesien verbrachten Jahre mit der dortigen zum Teil noch steinzeitlichen Kultur vertraut, durch seinen langen Aufenthalt in Indien mit der östlichen spirituellen Kultur verbunden und dazu durch seine Studien und Forschungen ein profunder Kenner der ägyptischen Kultur – fand nicht nur im alten Ägypten, sondern auch in den Bildern, Mythen und Märchen vieler anderer alten Kulturen Botschaften psychischer Erfahrungen, die in Symbolen ausgedrückt wurden. Uns diese alte Symbolsprache wieder verständlich und zugänglich zu machen, so dass wir dadurch uns selbst besser wahrnehmen und unsere vielen Seelenkräfte entfalten können, das war sein Anliegen.

Yvonne Artaud, 1924-2009, in Lyon (Frankreich) geboren und aufgewachsen, war Medhanandas langjährige Mitarbeiterin und spirituelle Gefährtin. Sie arbeitete als Zahnärztin für Kinder in Paris, bevor sie 1952 dem Sri Aurobindo Ashram in Südindien beitrat. Ihre Aspiration war es, durch den integralen Yoga Sri Aurobindos ihr Bewusstsein zu vertiefen, zu intensivieren.
Sie unterrichtete in der Ashram-Schule (dem *Sri Aurobindo International Centre of Education*) und wirkte als vielfältige Künstlerin: Sie malte viele Bilder, schrieb Gedichte und Bühnenstücke, kreierte die Symbolbilder der 64 Karten für das Meditationsspiel *Der Goldene Ball.*
Von 1963 an befasste sie sich intensiv mit der Psychologie und der Bewusstseinsentwicklung von Vorschulkindern und auch derjenigen der Primaten Süd-Indiens, vor allem der Makaken-Affen, die sie in Pondicherry, dann in ihrem Garten in Auroville und später in Reddiarpalayam hielt. Zahlreiche Artikel und Studien zum Thema Tierpsychologie und Kinder-Früherziehung (auch vorgeburtliche Erziehung) wurden von ihr verfasst. Sie kreierte vielfältige Materialen, Erziehungs- und Bewusstseinsspiele – darunter auch die Aurograms, Symbolkarten zur Förderung der Ausdrucksmöglichkeiten des Kindes, das auf diese Weise sein Innerstes und seine Sicht der Welt spielerisch kommunizieren kann. Ihre weiteren Symbolspiele *Der Weg des Helden Herakles* und *Das große Haus* erwiesen sich in der Praxis als große Hilfe für die Förderung einer holistischen Entfaltung und Entwicklung des Kindes. Yvonne Artaud war Mitautorin von Medhanandas Zeitschrift *Equals One* und auch der fünf Bücher über altägyptische Symbolbilder.

Deine vielen Seelenkräfte im Spiegel der Märchen erkennen

Band 1

enthält folgende Märcheninterpretationen:

Die Bremer Stadtmusikanten

Hans im Glück

Frau Holle

Die Gänsemagd

Die weiße Schlange

Der Teufel mit den drei goldenen Haaren

Die goldene Gans

Der Königssohn, der sich vor nichts fürchtet

Frau Trude

Der goldene Vogel

Im Buch *Verborgene Weisheit*
finden sich zwei weitere Märcheninterpretationen
von Medhananda:

Dornröschen

Der Eisenhans

Weitere Werke von Medhananda

DER WEG DES HORUS
Bilder des inneren Weges im alten Ägypten

ARCHETYPEN DER BEFREIUNG
Psychodynamik im alten Ägypten

DIE PYRAMIDEN UND DIE SPHINX
Wie die alten Ägypter sie in ihren
Hieroglyphen-Inschriften sahen

DIE KÖNIGLICHE ELLE
Selbstfindung im alten Ägypten

DAS ALTÄGYPTISCHE SENET-SPIEL
Das Spiel der Archetypen

AN DEN UFERN DER UNENDLICHKEIT
Medhananda erzählt aus seinem Leben

AUF DER SCHWELLE
ZU EINEM NEUEN BEWUSSTSEIN

VERBORGENE WEISHEIT IN DER SYMBOLSPRACHE
alter Mythen, Märchen, ägyptischer Papyri
und im Thomasevangelium

DER GARTEN DES MENSCHEN
und andere Symbole zur Selbstentdeckung

FLAMMENWORTE
28 Gedichte von Sri Aurobindo in englischer Originalfassung
und deutscher Übersetzung von Medhananda und Agnidhan

DAS UNENDLICHKEITS-SPIEL
ein Meditationsspiel mit 64 Symbolkarten

Siehe auch: www.medhananda.com
www.liberating-symbols-publishing.com